リック式「右脳」メソッド

ヤバいくらい使える

英語で自己紹介

100人

リック西尾

リーディング

1回読み通すごとにワンチェック

1	2	3	4
9	10	11	12
17	18	19	20
25	26	27	28
33	34	35	36

チェックシート

40回リーディングできたら完璧!!

5	6	7	8
13	14	15	16
21	22	23	24
29	30	31	32
37	38	39	40

はじめに

　こんな話があります。ある人が日本に来て間もない中国人に聞いたそうです。
「あなたは日本語がお上手ですが、以前から勉強されていたのですか？」
「いいえ、日本に来てから勉強しました」
「でも、どうしてそんなに上手に話せるのですか？」
「あたりまえでしょう、もう4カ月も勉強しているんですよ」
「!?……」
　その人は返す言葉がなかったそうです。
　私たち日本人は中学・高校と、少なくとも6年間英語を勉強してきたにもかかわらず、大半の人がカタコトの英語すら話すことができず英語アレルギーになっています。ですから、日本に来て間もない外国人がスラスラと日本語を話すのを目の当りにすると驚いてしまうのです。
　当然その中国人は、まだ不充分な日本語しか話せないはずです。でも6年間勉強しても会話ができない私たちにしてみれば驚きです。外国語でも勉強すれば話せるのは当然と考える外国人と、簡単な挨拶すら英語でできない日本人。いったい何がちがうのでしょう

か。じつはここに外国語を学ぶ秘訣があるのです。

　ここで皆さんに質問ですが、「ゲップをする」「背中がかゆい」「靴下が脱げる」——これを英語で言えますか？　たぶん大半の方は言えないと思います。日本語なら幼稚園児でも言えることが、英語となると何と言えばいいのか分かりません。なぜでしょうか。それはただ中学・高校・大学受験の過程でそういう日常表現を習ってこなかったからです。

　日本における学校の英語教育は、足早にレベルが上がっていきます。大学受験期になると難解な文法知識を詰め込み、英文解釈をするレベルにまで引き上がります。6年間でできるだけ高いレベルまで英語を習得させようとする方針のために、実際に使える英語の習得を犠牲にしてしまっているのです。ですから「背中がかゆい」ということすら英語で言えないのです。もし仮に6年間、実際のコミュニケーションで使える英語を中心とした授業を学校で行っていれば、これほど多くの日本人が勉強したはずの英語を話せないという結果にはならなかったことでしょう。

　先ほどの中国人が、いとも容易に日本語を習得することができたその秘訣とは、日本語を話せるようになることをまず第1の目標として勉強したからです。ですから英語を学ぶ私たちも、難解な文法を学習するより、まず話せることを目標に英語を学習したほうが効

率よく英語をマスターすることができるのです。

　本書は、自分のことを英語で言えるようになること
を目的にした本です。「自分のことを相手に分かって
欲しい」という、誰もが感じるその気持ちを、英語で
表現してみようという試みです。

　自分を語ること、つまり自分の信念やものの感じ
方、性格などをどう相手に伝えればいいかというの
は、誰でも関心を持っているテーマのひとつでしょ
う。外国語を勉強する時に大切なのは、まず関心のあ
ることがらから学習することです。関心のないこと
は、たとえ一生懸命に覚えてもすぐに忘れてしまい身
につきません。でも、関心を持っていることなら容易
に覚え習得することができます。そういう自分が関心
のあるテーマを題材にして、しかも相手に伝えるため
の表現を学習すれば、使える英語をより効果的にマス
ターすることができるはずです。

　じつは私自身、アメリカで働きながら英語で苦労し
ていた時、このような内容の英語教材がないものかな
と思っていました。書店には英語で自己紹介をするた
めの本もありましたが、どれも教科書のように通り一
遍で堅苦しい内容のものばかりで興味が持てず、不満
を抱いた記憶があります。そういうことで、今回私自
身が欲しいと思っていた本をようやく世に出すことが
できました。

本書の英文は、各項目に登場するそれぞれの特徴あるキャラクターに従い、できるだけ自然な表現になっています。また英語の語彙や表現そして文法が自然に身につくように、いろいろな工夫がなされています。ですから本書の英文をマスターすれば、英語の表現能力が飛躍的に伸びることは確かです。

　本書の英語には、学校で習ったことのない耳慣れない表現も含まれています。日本語を見ていただくとわかりますが、とても平易な内容ばかりです。この程度のことが英語で言えるようになれば、日常会話は充分にこなせるようになります。

　ところで語学を習得するうえで大切なことは、反復練習です。スポーツでも、楽器の演奏でも、ダンスでも、それをマスターするためには実際に体を動かして何度も同じことを反復するトレーニングが不可欠です。従来の学校の英語教育で欠落していたのが、口を動かして何度も反復することだったのです。

　ですから読者の皆さんには、本書を1回読んだだけで終わりにしないで下さい。本がボロボロになるまで声に出して読み返し、英文が自然に口をついて出るようになるまで反復トレーニングをして欲しいのです。学習の手順としては、まず全文を読み英語の意味を理解してください。日本文と合致しない英文も多少ありますが、日本人とアメリカ人の発想の違いによるもの

であることをご理解ください。

　次に英語の音声データをダウンロードし、何度も音声をヒアリングして耳を慣らしてください。また音声を真似して、同じように発音できるまでスピーキングを繰り返してください。

　最後に左ページの日本語を英語で表現できるまで反復して内容を覚えてください。

　巻頭にチェックチャートを用意しています。40回を目安にチャートにチェックしながら学習を進めてください。40回が終わった頃には、自然と英語が口をついて話せるようになっています。

　本書が皆さんの英語習得の一助となれば幸いです。

リック西尾

> すべての英文の音声入り
> **無料音声**
> （1〜4倍速対応）
> **ダウンロード**
> スマホでも聴けます！

本書の英文の音声は、パソコン・スマホ・タブレット端末のいずれでも無料でご利用いただけます。ダウンロードの詳細は、下記をご参照ください。

http://kklong.co.jp/jikosyoukai

下のQRコードからもアクセスできます。

■2倍速、3倍速、4倍速でチャレンジしてみよう！

　最初は通常のスピードで英文を聞き、声に出して下さい。少し慣れてきたら2倍速でチャレンジして下さい。それにも慣れてきたら3倍速に、さらに4倍速にまでチャレンジして下さい。

　やっているうちに左脳の自意識が薄れ、情報が右脳に定着しやすくなります。右脳に定着した英語の情報が左脳につながれば、いつでも理解し表現ができるようになります。そして自然に英語が口から出てくるようになります。

　このチャレンジの過程で、日本語という振動数の低い言語に慣れ切っていた聴覚が鋭くなってくるのが分かります。聴覚が敏感になることによって、振動数の高い英文を聞き取る力が高まります。

　試しに、高速に慣れてきたら、少しスピードを下げてみてください。以前は聞きにくかった英文がハッキリ聞こえ、いつの間にか右脳に定着しているのが実感できるはずです。

〈指導・制作〉
　一般社団法人エジソン・アインシュタインスクール協会

代表　鈴木昭平

目 次
CONTENTS

リーディングチェックシート
はじめに

I

ポジティブな私
I'm a Positive Person. ···19

1 明るい女子高生 A Happy High School Girl

2 ガッツのある新入社員 A Gutsy New Employee

3 向上心のある女子大生
A College Girl with High Aspirations

4 家族思いのビジネスマン
A Businessman Who Prizes His Family

5 親孝行なボランティア
A Volunteer Worker Who's Grateful to Her Parents

6 謙虚な部長 A Humble Department Manager

7 思いやりのあるバス運転手 A Caring Bus Driver

8 人なつっこい添乗員 A Friendly Tour Conductor

9 お人よしなお巡りさん A Good-Natured Police Officer

10 気のきく大臣秘書官
A Cabinet Minister's Secretary Who's a Quick Thinker

11 面倒見のいい仲人 A Matchmaker Who Likes to Help People

12 人望のある野球監督 An Admired Baseball Team Manager

13 楽観的な社長 An Optimistic Company President

14 社交的な奥様 A Sociable Wife

15 誠実な官僚 A Sincere Government Official

16 人の良すぎる老人 An Elderly Man Who is Too Trusting

II

つき合いにくい私
People Find Me Hard to Deal with. ⋯53

1 見栄っ張りの母親 A Competitive Mother

2 独立心のない後継ぎ An Heir with No Independence

3 人の話を聞かない課長 A Manager Who Doesn't Listen

4 気分屋の秘書 A Moody Secretary

5 思いやりのない上司 An Inconsiderate Boss

6 口うるさい工場長 A Fussy Factory Manager

7 わがままな新人スター A Spoiled Starlet

8 うぬぼれの強いTVプロデューサー
A Conceited TV Producer

9 図々しい芸能レポーター A Pushy Gossip Columnist

10 横柄な演出家 An Arrogant Theater Director

11 ワンマンな映画監督 A Tyrannical Film Director

12 プライドの高い女優 A Snobbish Actress

13 自信過剰なシェフ An Overconfident Chef

14 節約家の地主 A Penny-Pinching Landowner

15 尊大な社長夫人 A Self-Important Company Owner's Wife

16 他人を信用しない金融業者 A Mistrustful Moneylender

17 説教好きな成功者 A Successful Man Who Likes to Preach

III

困った私
My Personality Gets Me in Trouble....89

1 無愛想なウェイトレス An Unfriendly Waitress

2 集中力のない予備校生
A Prep School Student with No Powers of Concentration

3 無気力なフリーター An Apathetic Part-Time Worker

4 命令されたくないコンビニ店員
A Convenience Store Clerk Who Refuses to be Ordered Around

5 引っ込み思案なデパート店員
A Reserved Department Store Salesclerk

6 飽きっぽいサラリーマン
A Company Employee Who Lacks Perseverance

7 根性のないセールスマン A Sales Representative with No Guts

8 陰気な美容師 A Gloomy Hairdresser

9 シャイなダンス教師 A Shy Dance Instructor

10 臆病なスタントマン A Cowardly Stuntman

11 存在感の薄い舞台俳優 A Stage Actor with No Presence

12 弱気なプロゴルファー A Pro Golfer Who Lacks Nerve

13 面倒くさがりの雑誌編集者 A Lazy Magazine Editor

14 口下手なアナウンサー A TV Announcer Who's a Poor Speaker

15 優柔不断な経営者 An Indecisive CEO

16 甘えん坊のクラブママ
A Hostess Club Proprietress Who Wants to Depend on Men

17 頭のかたい法律家 A Stubborn Lawyer

IV

個性的な私
I'm a Unique Character. …125

1 礼儀正しい娘 A Well-Mannered Young Woman

2 誇り高き国会議員 A Proud Diet Member

3 したたかな商社マン A Tough Trading Company Employee

4 質素な演歌歌手 A Modest Enka Singer

5 面白くないお笑い芸人 A Comedian Who's not Funny Enough

6 涙もろい葬儀屋 An Emotional Undertaker

7 無口な板前 A Quiet Japanese Chef

8 冗談の通じないコミック作家
A Comic Strip Writer with No Sense of Humor

9 理屈っぽいプログラマー
A Computer Programmer Who Loves Logic

10 自己主張の強いクリエーター An Assertive Commercial Artist

11 好奇心の強い女流作家 An Inquisitive Writer

12 人間嫌いな彫刻家 A Misanthropic Sculptor

13 常識はずれの芸術家 An Artist Who Lacks Common Sense

14 完璧主義のピアニスト A Pianist Who's a Perfectionist

15 無責任な評論家 An Irresponsible Commentator

16 二重人格の政治家 A Politician with a Split Personality

V

アブナイ私
I'm a Dangerous Person. …159

1 やる気のないガードマン A Security Guard without Motivation

2 おっちょこちょいな看護師 A Careless Nurse

3 短気なタクシードライバー A Short-Tempered Taxi Driver

4 向こう見ずなトラック運転手 A Reckless Truck Driver

5 正義の味方の婦人警官 A Zealous Policewoman

6 せっかちな車掌 An Impatient Train Conductor

7 執念深いOL A Vengeful Office Clerk

8 数字に弱い会計係
An Accountant Who's not Good with Figures

9 誘惑に弱い裁判官 A Judge Who Can't Resist Temptation

10 アバウトな通訳 An Interpreter Who Translates Loosely

11 組織力のあるホームレス
A Homeless Person with Organizational Skills

12 熱意のない家庭教師 A Private Tutor with No Enthusiasm

13 潔癖症の主婦 A Housewife Who's Obsessed with Cleanliness

14 口の達者な夫 A Husband Who's a Smooth Talker

15 カンの鋭い妻 An Intuitive Wife

16 ナルシストのモデル A Narcissistic Model

17 正直すぎる占い師 A Fortune-Teller Who Can't Tell a Lie

VI

天職を得た私
My Job is Perfect for Me. …195

1 意志の強い女性起業家
A Strong-Willed Venture Business Owner

2 負けず嫌いのプロボクサー A Pro Boxer Hates Losing

3 打たれ強いお客様サービス係
A Customer Service Rep Who Can Handle Complaints

4 人間不信の刑事
A Police Detective with No Faith in Human Nature

5 信仰のあつい僧侶 A Pious Buddhist Monk

6 頼りがいのある電話相談員 A Dependable Helpline Counselor

7 熱血漢の中学教師 An Enthusiastic Junior High School Teacher

8 頑張り屋の宅配員 A Hardworking Delivery Service Employee

9 聞き上手な保険外交員
An Insurance Saleswoman Who's a Good Listener

10 冷静なパイロット A Levelheaded Pilot

11 辛抱強いカメラマン A Patient Photographer

12 知的なニュースキャスター An Intelligent Newscaster

13 エネルギッシュな新聞記者 An Energetic Newspaper Reporter

14 愛国心の強い自衛官 A Patriotic Self-Defense Forces Member

15 使命感のある女医 A Doctor with a Sense of Mission

16 クリエイティブな創業者 A Company Founder Who's Very Creative

17 大胆な事業家 A Bold Entrepreneur

I

ポジティブな私
I'm a Positive Person.

明るい女子高生

私の名前はひかりといいます。

「ひかり」という名は

私の祖父がつけてくれました。

祖父がこの名前を選んだのは

「太陽のように光り輝くように」という願いからです。

祖母から聞いています。

自慢するつもりはありませんが、

私はとても明るい性格です。

小さい時からみんなに誉められてきました。

自分でもすごくいい性格だと思いますが、

でもちょっと真面目さが足りないところもあるんです。

英語表現

①happy　いつも機嫌のいい
②high school　高校
③don't mean to do …　〜するつもりはない
④brag　じまんする

A Happy High School Girl   1

My name is Hikari.

I was named "Hikari"

by my grandfather.

He chose the name

because he wanted me to shine like the sun.

I heard this from my grandmother.

I don't mean to brag,

but I do have a cheerful personality.

Since I was little, everybody has told me that's a good thing.

I think I have a very good personality, too,

but sometimes I think I'm not serious enough.

⑤cheerful　陽気な
⑥since ...　〜以来

⑦not serious enough
　真面目さが足りない

ガッツのある新入社員

私は今年の4月にこの会社に入社しました。

大学を卒業したばかりで、

初めての社会人生活です。

学生時代はラグビー部にいて、

毎日ラグビーに明け暮れていました。

勉強はろくにした記憶はありませんが、

なんとか無事卒業できました。

自分にはたいした能力もありませんが、

体力とガッツだけは自信があります。

飛び込みの営業をしていますが、

昼休みも取らず頑張っています。

英語表現
①gutsy　パワーのある
②join　に加わる
③on ... team ...
　〜(スポーツ)のクラブに入って
④recall that ...　〜を思い出す

A <u>Gutsy</u> New Employee 　**2**
　　①

I <u>joined</u> this company in April this year,
　②

right after graduating from university,

so this is my first working experience.

I was <u>on the rugby team</u> in college,
　　　　　③

and I spent most of my days playing rugby.

I don't <u>recall that</u> I studied very much,
　　　　④

but somehow I <u>managed to graduate</u>.
　　　　　　　　⑤

I don't have any special abilities,

but at least I have a lot of energy and guts.

I make <u>"cold sales calls"</u> on <u>prospective</u> customers,
　　　⑥　　　　　　　⑦

and I never even take lunch breaks.

---

⑤manage to do ...　なんとか～する　　⑦prospective　になる予定の
⑥cold sales call
　アポなしの営業訪問

向上心のある女子大生

多くの大学生は何の目的も持っていません。

勉強もせず、気ままに遊んでいます。

けっしてそれを批判するつもりはありませんが、

しかし私はそういう生き方はしたくありません。

貴重な時間を遊んでムダにするなんて、

私には考えられません。

学生時代というのは勉強するための期間です。

できるだけ多くの本を読んで、

知識と教養を身につけたいと思います。

その日その日あてもなく

幸せになれるはずがありません。

①aspiration　向上心
②work　勉強する
③waste　を浪費する
④precious　貴重な
⑤knowledgeable　知識豊富な

A College Girl with High Aspirations

Many students have no goals at all.

They don't work much—they just play around.

I don't mean to criticize them,

but I don't want to live my life like those people.

Wasting this precious time playing around

is something I cannot understand.

Your college years are a time for study.

By reading as many books as possible,

I'd like to become knowledgeable and cultivated.

If you just live your life from one day to the next,

you can never be really happy.

⑥cultivated　教養ある
⑦from one day to the next
　その日その日あてもなく

家族思いのビジネスマン

多くの日本人は仕事が一番大切と考えています。

私はそれに対して同意できません。

考えてみれば、何のために働くかというと、

それは生活するためです。

生計を立てる手段として働くのです。

なのに家庭を犠牲にして、

会社のために働くなんて、

どこかおかしくありませんか。

私はいつも、できるかぎり時間どおりに退社して、

夜は家族といっしょに過ごすようにしています。

家族は私にとって宝なんですから。

英語表現

①prize　を大切にする
②make a living　生計を立てる
③means　手段
④earn one's livelihood
　生計を立てる

A Businessman Who Prizes His Family

4

Many Japanese think work is the most important thing.

I don't agree with that.

If you think about it, what you work for

is to make a living.

You work as a means to earn your livelihood.

But if you sacrifice your family life

in order to work for your company,

don't you think there's something wrong there?

Whenever possible, I try to leave work at the regular time

and spend my evenings with my family,

because my family is so precious to me.

⑤sacrifice　を犠牲にする　　　⑦leave work　退社する
⑥whenever possible
可能な時はいつも

親孝行なボランティア

私は裕福な家の出ではありませんが、

愛情の豊かな家庭に育ちました。

本当に恵まれていると思います。

ですから問題があっても

クヨクヨせず前に進んでいくことができます。

私の信念は

親に対する感謝の気持ちを

世の中の人々に向けるべきだというものです。

それで今、時間のある時には

親孝行するのと同じ気持ちで

老人介護のボランティアをしています。

英語表現
①grateful to A　Aに感謝する
②wealthy　裕福な
③privileged　恵みを受けた
④distressed　悩んでいる
⑤conviction　信念

A Volunteer Worker Who's Grateful to Her Parents

5

My parents weren't <u>wealthy</u>,
②

but I grew up in a house full of love.

I feel so <u>privileged</u>.
③

Even when problems come up,

I can move ahead without getting <u>distressed</u>.
④

It's my <u>conviction</u>
⑤

that the <u>gratitude</u> I feel toward my parents
⑥

has to be <u>applied to</u> helping other people.
⑦

So now, whenever I have time,

<u>in the spirit of</u> paying back what my
⑧
parents have done for me,

I work as a volunteer, caring for <u>elderly</u>
⑨
people.

⑥gratitude　感謝の念
⑦apply A to B
　AをBに振り向ける

⑧in the spirit of A　Aの精神で
⑨elderly　年配の

29

謙虚な部長

私は某大手企業の営業部長をしています。

会社にとって人材は命です。

だから社員の教育は何よりも大切です。

でも教育の名のもとに

上司は感情的に部下をどなりつけます。

それは大きな誤りです。

たしかに部下は部下ですが、

相手は感情を持った人間です。

愛情をもって部下に接することが

上司の務めです。

いばる上司なんて最低です。

①major company 大企業
②lifeline 頼みの綱
③by far はるかに
④in the name of A
　Aの名のもとに

A Humble Department Manager

I'm the sales department manager at a ①major company.

Human resources are the ②lifeline of any company.

Therefore, employee training is ③by far the most important thing.

But sometimes ④in the name of training,

managers ⑤yell at their ⑥subordinates ⑦irrationally.

That's a big mistake.

They're your subordinates, ⑧all right,

but they're also human beings with feelings.

Treating the people working under you with love

is a boss's duty.

As a manager, just being ⑨bossy is the worst thing you can do.

⑤yell at A　Aにどなりつける
⑥subordinate　部下
⑦irrationally　理性なしに
⑧..., all right　〜なのはたしか
⑨bossy　いばりちらす

思いやりのあるバス運転手

私はかれこれ30年間

バスの運転手をやっています。

今まで誰にも言ったことがなかったのですが、

自分にはあるモットーがあります。

それはお客様全員に対して、

思いやりのある人物でいようとすることです。

それで私はバスに乗ってこられる方に、

かならず笑顔で挨拶することを心がけています。

その挨拶で乗客の皆様に

少しでも元気を出してもらえれば、

それで自分は大満足です。

英語表現

①caring　気づかいをする
②policy　方針
③considerate　思いやりのある
④make a point of doing ...
　つとめて～する

A Caring Bus Driver ①   **7**

For the last 30 years or so,

I've been working as a bus driver.

Although I've never told anybody this,

I have a policy.
②

That is, with all my passengers,

I try to be as considerate as possible.
③

So, each time someone gets on the bus,

I make a point of smiling and saying hello.
④

If my greeting can make my passengers
⑤

even a little bit happier,

I will be very happy, too.

⑤greeting　挨拶

人なつっこい添乗員

私ね、すごく人なつっこくて、

誰彼かまわず抱きついちゃったりするんです。

こんなキャラだから、

ツアーの添乗員をしていて、

お客様が私を好きになるんです。

毎回、旅行のたびに

たくさんのおみやげをもらったりします。

でもときどきツアーの終わり近くになって、

ご年配の方から

息子の嫁になってくれって頼まれちゃうんです。

それを断るのはひと苦労です。

①friendly　愛想がいい
②so A that ...　あまりにAなので~だ
③go around doing ...
　絶えず~する
④hug　を抱きしめる

A Friendly Tour Conductor

You know, I have a very friendly personality—

so friendly that I always go around hugging everybody.

Because I'm like this,

in my job as a tour conductor,

my customers always like me very much.

Every time I go on a trip

I get lots of gifts from customers.

Sometimes toward the end of the tour,

some middle-aged people

even ask me to marry their son.

It's always very difficult to say no to them.

⑤go on a trip 旅に出る
⑥toward the end of A
　Aの終わりに近くなって

⑦middle-aged 中年・老年の

お人よしなお巡りさん

私は小さな町の交番に勤務しています。

平凡な警察官です。

ここの町はのんびりしていて、

犯罪らしい犯罪はありません。

まあ平和な町です。

ところで私は根っからのお人よしで、

困った人をほうっておけません。

それが私なのです。

交番に相談にこられると、

勤務のことを忘れて

ひと肌脱いでしまいます。

 英語表現
①your average A
　どこにでもあるようなA
②crime　犯罪
③you might say　いわば
④by nature　生来

A Good-Natured Police Officer

I work in a police box in a small town.

I'm your average police officer.
　　　①

Here in this town, everything is relaxed,

and we have no real crime.
　　　　　　　　②

So you might say it's a peaceful place.
　　　③

By the way, I'm a caring person by nature
　　　　　　　　　　　　　　　　④

and I can't ignore someone in trouble.
　　　　　　⑤　　　　　　　⑥

That's just the way I am.

When people come to my police box for advice,

I always forget that I'm on duty,
　　　　　　　　　　　　⑦

and go out of my way to help them.
　　　⑧

⑤ignore を無視する
⑥in trouble 困っている
⑦on duty 当番で
⑧go out of one's way to do ...
　わざわざ〜する

気のきく大臣秘書官

私はある国務大臣の秘書官をしています。

政府の大臣は

それはもうお忙しい毎日です。

国会に参加することはもちろんのこと、

陳情にみえた方々に会ったり、

海外に視察旅行に出かけたりと、

日々のスケジュールはぎっしりつまっています。

ですから秘書はたいへんです。

その点、私はこの仕事にピッタリな人間です。

なぜなら私の強みは気がきくからです。

先生は私を心から信頼しています。

英語表現
①Diet （日本の）国会
②petitioner 請願者
③fact-finding tour 視察旅行
④packed tight ぎっしり詰まった
⑤in that sense その意味で

A Cabinet Minister's Secretary Who's a Quick Thinker

10

I work as a secretary to a cabinet minister.

Government ministers are

extremely busy every day.

They have <u>Diet</u> sessions to attend, of course,
①

and they have to meet <u>petitioners</u>,
②

and go abroad on <u>fact-finding tours</u>.
③

Their daily schedules are <u>packed tight</u>.
④

All of that makes it very hard for us secretaries.

⑤<u>In that sense</u>, I'm the perfect person for the job,

because my <u>strength</u> is that I'm a quick thinker.
⑥
ストゥレン(ク)ス

My boss <u>has great confidence in</u> me.
⑦

⑥strength　強み
⑦have confidence in A
　Aを信頼している

39

面倒見のいい仲人

私の趣味はといいますと、

それが仲人なんです。

若い男女のあいだを取り持って、

結婚に結びつけてあげることが好きなんです。

これまでにお世話したのは、

およそ100組ほどです。

私はビジネスでやっているのではありません。

あくまでもボランティアです。

なかには40超えても相手が見つからない人がいます。

そういう男性たちが多いので

なんとかしてあげたくてしかたないんです。

①matchmaker 仲人
②if I may talk about ...
　〜について話させてもらえるなら
③matchmaking 結婚の仲介

A Matchmaker Who Likes to Help People 11

If I may talk about my hobby,

it's matchmaking.

Trying to arrange matches between young men and women

and guiding them towards marriage is what I like to do.

So far I've arranged

around 100 marriages.

I'm not doing this as a business.

It is purely on a volunteer basis.

Some of the people are over 40 and cannot find a partner.

There are many men like that, and

I can't help feeling that I have to do something for them.

④match 縁組
⑤so far これまで
⑥on a volunteer basis
ボランティアとして
⑦can't help doing ...
～せざるを得ない

人望のある野球監督

私は過去に何度か自分のチームを、

優勝に導いたことがあります。

でもそれは私の実力ではなく、

有能な選手がわがチームにいたからです。

私がしたことは

彼らのベストを引き出してあげたことです。

私はできる限りのことをやって、

彼らが喜んでプレーできるようにしただけです。

選手に対していばるのではなく、

選手に信頼されることが

監督としての私の務めなのです。

①admire　を賞賛する
②league　リーグ
③capable　有能な
④bring out the best in A
　Aのベストを発揮させる

An Admired Baseball Team Manager   12
  ①

Several times in the past I have led my team

to win the league championship.
           ②

It wasn't because I was a capable manager,
                            ③
but

because my team had capable players.

All I did was

to bring out the best in them.
   ④

I tried to do whatever I could

to make them feel happy playing the games.

Rather than being bossy with my players,
   ⑤

being a person they can rely on
                            ⑥

is my duty as a manager.

⑤rather than A　Aというよりは
⑥rely on A　Aを信頼する

楽観的な社長

バブルの後遺症は、

いまだに悪影響を日本経済にもたらしています。

弱小の企業は次々に破産しています。

わが社の状態もけっして安心できるものではありません。

じつはわが社は今深刻な状況にあります。

来月は不渡りを出すかもしれません。

でも心配したってしかたありません。

悩んでオロオロしても、

いい結果が出るわけではありません。

とにかく最善を尽くすことが重要です。

あとは天運しだいです。

英語表現
①aftereffect　後遺症
②burst　破裂する
③negative impact　悪影響
④go bankrupt　破産する

An Optimistic Company President 13

The ₁aftereffects of the ₂bursting of the bubble economy are

still having a ₃negative impact on the Japanese economy.

More and more weaker and smaller companies are ₄going bankrupt.

Our company's situation is not at all safe and sound, either.

In fact, right now we are in big trouble.

Next month, we could ₅end up ₆issuing a bad draft.

It's ₇no use upsetting myself, ₈though.

Even if I get anxious,

that won't help improve things.

In any case, trying my best is the most important thing I can do.

The rest is ₉up to a higher power.

---

⑤end up doing ...　　　　　　　⑦no use　意味がない
　最終的には~することとなる　　⑧though　(文末で) だけど
⑥issue a bad draft　不渡り手形を出す　⑨up to A　Aしだい

45

社交的な奥様

私の長所をひとつ挙げろと言われれば、

自分は自信を持って答えます、

「社交的なところ」と。

私は人間が大好きで、

人見知りすることもなく、

誰とでも友達になれます。

これは私にとって何よりの財産です。

とにかくこの社交性のおかげで、

無二の親友がたくさんいます。

でも困ったことがひとつあります。

冠婚葬祭の出費がひじょうに多いんです。

①name　を名を挙げて示す
②sociability　社交性
③make friends with A
　Aと友達になる
④asset　役に立つ性質

A Sociable Wife 14

If I were asked to name my strong point,
①

I would answer with confidence,

"Sociability."
②

I love people,

I'm never shy with strangers, and

I can make friends with anybody.
③

For me, it's a great asset.
④

Thanks to my being so friendly,
⑤

I have a lot of "very best" friends.

There's one drawback, though.
⑥

I have to spend so much money on ceremonial
⑦
occasions.

⑤thanks to A　Aのおかげで
⑥drawback　不利な点
⑦ceremonial　儀式の

誠実な官僚

外務官僚の不正は

マスコミに取り上げられています。

同じ省に働く人間として、

心から恥ずかしく思っています。

でも官僚のなかにも志が高く、

立派で優秀な人物もたくさんいます。

外務官僚としての責任感から、

彼らは真剣に、また熱心に

将来の日本のことを考えています。

私もまた日本国家の繁栄を求め、

高い志を持って官僚の仕事をしています。

英語表現
①official 役人
②misconduct 違法行為
③get media coverage
　マスコミに取り上げられる
④embarrassed 恥ずかしい

A Sincere Government Official 15
①

The ②misconduct of officials in the Ministry of Foreign Affairs

is getting a lot of media coverage.
③

As someone working in the same ministry,

I feel deeply embarrassed.
④

But among the officials, there are many with ⑤noble intentions, and

many are fine, competent people.
⑥

⑦Out of their sense of responsibility as Foreign Affairs Ministry officials,

they think seriously and earnestly
⑧

about the future of Japan.

I, too, am working for the ⑨prosperity of Japan as a nation,

and do my job in the ministry with noble intentions.

⑤noble　高潔な　　　　　⑧earnestly　本気で
⑥competent　有能な　　　⑨prosperity　繁栄
⑦out of A　Aという動機で

49

人の良すぎる老人

私は人の良いのが取り柄です。

とにかく簡単に人を信じてしまうんです。

でもそのために、過去に何度も

人にだまされてきました。

「お金を貸して欲しい、絶対に返すから」

目に涙を浮かべて言われると、

ついつい同情してしまって、

お金を貸してあげます。

結局それっきりで、

お金は戻ってきたためしがありません。

でもなぜか、憤慨する気持ちにはならないんです。

①trusting 人を疑わぬ
②good point よい点
③be taken in by A Aにだまされる
④find oneself doing ... ふと気づくと～している

An Elderly Man Who is Too Trusting 16

One of my good points is that I'm a trusting person.

Actually, I trust people too easily.

Because of this, many times in the past

I've been taken in by people.

"Please lend me money—I promise I'll pay you back."

When they say this, with tears in their eyes,

I find myself feeling very sympathetic,

and I lend them money.

Well, that's the end of the story,

since I usually don't see that money again.

But somehow, I never feel bitter about it.

⑤sympathetic　同情のある　　⑦bitter　憤慨して
⑥the end of the story
　一巻の終わり

II

つき合いにくい私
People Find Me
Hard to Deal with.

見栄っ張りの母親

おたくのダンナ様はもう常務でしょ。

本当にうらやましいこと。

うちのダンナは三流大学の出身で、

大手企業で働いていない。

しかもまだ課長なのよ。

恥ずかしくって人様にはとても言えないわ。

こんな思いをするのはもうイヤ。

自分の息子は絶対に

医者か弁護士にしてみせる。

来年子供は小学校の受験なので、

毎日5時間勉強させているのよ。

①competitive　競争意識を持つ
②envy　がうらやましい
③graduate　卒業生
④third--rate　三流の

A **Competitive Mother** 1

I know your husband is already an executive director.

I envy you so much.

Mine is only a graduate of a third-rate university,

and he doesn't even work for a major company.

He's only a department head now.

I'm so embarrassed about it that I can't tell anybody.

I hate having to feel this way.

I'm determined to make sure my son becomes

either a doctor or a lawyer.

He will take the entrance exam for elementary schools next year,

so I make him study for five hours every day.

⑤determined to do ...
　〜すると決意している
⑥make sure (that) ...

　かならず〜であるようにする
⑦either A or B　AかB
⑧make A do ...　Aに〜させる

独立心のない後継ぎ

私は親の会社を受け継ぎ

２代目の社長になりました。

でも私は社長にはふさわしくないんです。

私はマザコンです。

いつも母親にベッタリで生きてきました。

だから私は独立心を持たなくなった。

会社の経営でも

母親にすぐ頼ってしまいます。

こんな主体性のない社長ですから、

会社の士気は低いです。

社員は仕事に専念していません。

英語表現
①heir　後継者
②take over A　Ａを引き継ぐ
③not cut out to do ...
　〜するのにふさわしくない
④tend to do ...　〜しがちだ

An Heir with No Independence

2

I took over my father's company

and became a second-generation president.

In fact, I'm not cut out to be a company president.

I'm a mama's boy.

I've always been completely dependent on my mother.

So I ended up having no independence.

Even managing my company,

I tend to depend on her.

Since the president has no initiative,

morale at my company is low.

The employees are not committed to their work.

⑤depend on A　Aに依存する
⑥initiative　主導権
⑦morale　勤労意欲

⑧be committed to A
　Aに打ち込む

人の話を聞かない課長

どうも私には悪いクセがあるようです。

最近妻からも言われました。

何かというと、私はあまり人の話を

聞かないらしいのです。

自分の自慢話をしゃべりまくる。

全然そんなこと思いもしなかったのですが、

でもそう言われてみれば、

そうなのかなという気もします。

ときどき部下と顔を合わせて

「今夜飲みにいこう」と誘うと

彼らは消えてしまい、戻ってきません。

①recently 近頃
②good at A Aが得意
③go on しゃべりまくる
④now that ... 今や〜だから

A Manager Who Doesn't Listen

It seems I have a bad habit.

My wife recently told me about it.

That is, I'm not good at

listening to people, she says.

And I go on and on, boasting about myself.

I never thought of it, but

now that she's told me,

it feels like that might be the case.

Sometimes when I see guys who work for me

and ask them, "How about a drink tonight?"

they quickly disappear, and never come back.

⑤that might be the case
　それが実情かもしれない
⑥guys　（男の）連中
⑦a drink　（酒を）一杯
⑧disappear　姿を消す

気分屋の秘書

どうも私は気まぐれな人間のようです。

その日の気分しだいで、

自分の人格が180度変わってしまう。

調子がいい日はニコニコして、

上司や同僚に元気に挨拶したり、

仕事も真面目にやります。

調子がよくないと、

ふてくされて挨拶もしないし、

仕事もいい加減にしてしまいます。

生理のときは、もう最悪。

自分のまわりはピリピリしています。

英語表現
①depending on A　Aしだいで
②180 degrees　180度
③in a good mood　機嫌がいい
④greet　に挨拶する
⑤co-worker　仕事仲間

A Moody Secretary 4

I think I'm a rather moody person.

Depending on my mood that day,
①

my personality can change 180 degrees.
②

When I'm in a good mood, I'm always smiling,
③

cheefully greeting my boss and co-workers,
④   ⑤

and working diligently.
⑥

When I'm not in a good mood,

I feel so cranky that I don't even greet people,
⑦

and I get very sloppy in my work.
⑧

The worst time is when I'm having my period.
⑨

People get nervous around me.

⑥diligently　勤勉に
⑦cranky　気むずかしい
⑧sloppy　だらしない

⑨have one's period
　生理になる

61

思いやりのない上司

私は誰よりも一生懸命に仕事をしています。

社内ではそう評価されています。

だからみんなはもっと私を尊敬すべき。

そう期待しているのだけれど、どうしたわけか

部下に信望がないのです。

先日こんなことがありました。

ある女性がやって来て

腹痛で早退したいと言うのです。

「仕事と自分の腹とどっちが大切か？」

と言ってやりました。

この発言やっぱり問題ありますか？

英語表現
①respect　を尊敬する
②for some reason　どうしたわけか
③enjoy　を享受する
④incident　小事件
⑤the other day　先日

An Inconsiderate Boss 5

I work harder than anybody.

People admire me for that at my company.

So they should respect me more.
①

That's what I expect, but for some reason
②

I don't enjoy the respect of my subordinates.
③

There was this incident the other day.
④ ⑤

A woman came to me and said

she wanted to go home early because she had a stomachache.
⑥

"Work or your stomach, which is more important?"

was my response.
⑦

Do you think it's inappropriate to say things like that?
⑧

⑥stomachache 腹痛
⑦response 返答
⑧inappropriate 不適切な

口うるさい工場長

うちの工場の工員たちは、

陰で私の悪口を言っているようです。

私は工場の責任者をしていますが、

どうも下の者たちに煙たがられています。

今までにもたくさんの工員が、

私がイヤでやめていきました。

どうしてなんでしょうかね。

ひとつの可能性は、

私が口うるさいことです。

ネジ1本を無くしてもガミガミ言いますからね。

でもこれって工場長として当然の義務でしょ？

英語表現

①fussy　小うるさい
②complain　不平を言う
③behind one's back　陰で
④responsible for A
　　Aの監督責任がある

A Fussy Factory Manager   6

The workers at our factory

seem to be complaining about me behind my back.

I'm responsible for the operation of this factory,

and for some reason I'm unpopular with my subordinates.

Already, many workers

have quit because they didn't like me.

I wonder why.

One possibility is

that I'm too fussy.
　　　　　ファスィ

I nag them if they waste even a single screw.

But isn't that my duty as a factory manager?

⑤operation　操業
⑥unpopular　人気がない
⑦quit　辞職する
⑧nag　にガミガミ小言を言う
⑨a single　ただ1個の

65

わがままな新人スター

私のことを「愛ちゃん」って

気安く呼ぶ人がいます。

それってちょっと失礼じゃない?

私はレギュラーで、

テレビドラマに何本も出演しているのよ。

だからもっと私に敬意を払わなくっちゃ。

だいたい制作スタッフは、

私に注文しすぎ。

私のおかげで視聴率も高いのよ。

たかだか半日遅刻しただけじゃない。

そんなにガタガタ言わないで欲しいな。

①starlet スターの卵
②familiar なれなれしい
③rude 無礼な
④pay A respect Aに敬意を払う

A Spoiled Starlet　7

Some people call me "Ai–chan"

in a very familiar way.

Don't you think that's rude?

I'm a regular

in lots of TV dramas.

So they should pay me more respect.

For one thing, the production people

ask too much of me.

They get good ratings thanks to me.

I was only half a day late.

They shouldn't make such a big deal about it.

⑤for one thing　ひとつには　　⑦ratings　（複数形で）視聴率
⑥ask too much of A　　　　　　⑧make a big deal about A
　Aに要求しすぎる　　　　　　　Aについて大げさに騒ぎ立てる

うぬぼれの強いTVプロデューサー

私は某テレビ局のプロデューサーをしています。

私はもう50歳だけどなぜかモテるんだな。

赤坂にある行きつけのクラブに行くと、

女の子のサービスが格段にいいし、

こっそりと電話番号も教えてくれる。

スタジオでも若い新人タレントたちが、

愛想よく接してくるしね。

そんなにハンサムなほうだとは思わないけれど、

たぶん男性としての魅力があるんだろうな。

これって肩書き関係ないよね。

さてと今日は誰を食事に誘おうかな？

英語表現
①treat A well　Aを厚遇する
②especially　とりわけ
③in secret　内緒で
④extremely　きわめて
⑤attractive　魅力的な

A Conceited TV Producer   8

I'm a producer at a TV station.

I'm 50 now, but I still seem to be popular with women.

At this hostess club in Akasaka where I'm a regular,

the girls <u>treat</u> <u>me</u> <u>especially</u> <u>well</u>,
  ①   ②

and they give me their phone numbers <u>in secret.</u>
                                    ③

At the studios, too, young starlets

talk to me in a friendly way.

I don't think I'm <u>extremely</u> good-looking.
                    ④

I guess I'm just a very <u>attractive</u> man.
                          ⑤

<u>It</u> <u>has</u> <u>nothing</u> <u>to</u> <u>do</u> <u>with</u> my <u>position</u>, right?
  ⑥   ⑦

Now, who should I take out to dinner this evening?

⑥have nothing to do with A
　Aとは関係がない
⑦position　社会的地位

69

図々しい芸能レポーター

私はワイドショーのレポーターをしています。

皆さんのなかには

私をご存じの方もいらっしゃるでしょう。

私は出しゃばりというのか、

どうも図々しい人間のようで、

恥ずかしげもなく、ずけずけと

人々の個人的生活に踏み込みます。

芸能記者として

これは強みです。

しかし私の性格は

人々に嫌われてしまうようです。

①pushy 押しの強い
②gossip columnist 芸能記者
③infotainment show 情報娯楽番組
④recognize に見おぼえがある

A Pushy Gossip Columnist

I work as a reporter for a TV infotainment show.

Some of you

may recognize me.

I guess I have a very aggressive personality—

or you might say I'm rather pushy—

and I tend to shamelessly barge in on

people's private lives.

Being a gossip columnist,

this is an advantage.

But it seems my personality

isn't appreciated by many people.

⑤aggressive　図太い
⑥shamelessly　図々しく
⑦barge in on A　Aに押し入る
⑧advantage　強み
⑨appreciate　を正当に評価する

横柄な演出家

世の中には鈍感な人間がいます。

人の気持ちが全然分からない人間。

美しいものに鈍感な人間。

このタイプの人間を、私はいちばん嫌いです。

ところがそんな鈍感な連中が、

劇団に入ってくる。

テレビタレントか何かになりたくて

甘い気持ちで我々のところに来ます。

繊細さや感受性がないのに

どうして俳優になれるというんだ。

そんなヤツらの面倒なんて見たくもない。

英語表現
①arrogant　傲慢な
②theater　演劇
③insensitive　鈍感な
④TV personality　テレビタレント
⑤commitment　覚悟

An Arrogant Theater Director　10

There are insensitive people in this world.

People who don't understand how other people feel.

People who are insensitive to beauty.

This is the type of people I hate the most.

But some of these insensitive people

come and join our theater company.

They want to be TV personalities or something,

and come to us with no serious commitment.

But with no subtlety or sensitivity,

how could they ever be actors?

I have no intention of working with these people.

⑥subtlety　鋭敏さ
⑦sensitivity　感受性

⑧have no intention of doing ...
　～する気はまったくない

ワンマンな映画監督

みんな私のことを独裁的だと言う。

いったいそれのどこが悪いんだ？

監督というものはワンマンでなくっちゃいけない。

最近の若手の監督を見ていると、

軟弱でいけない。

どうも気骨がないんだな。

誰がなんと言おうと、

自分の美学を貫き通す。

そんな精神的な強さを持たなければならない。

そのことで文句言うヤツがいたら、

そんな人物は制作から外してしまえばいいんだ。

①tyrannical　専制的な
②autocrat　独裁者
③what the hell　いったい何が
④so to speak　いわば

A Tyrannical Film Director 11
①

Everybody tells me I'm an autocrat.
②_{オータクラト}

What the hell is wrong with that?
③

A director has to be an autocrat.

When I see the young film directors these days,

I feel they're too soft.

They have no backbone, so to speak.
④

No matter what kind of criticism they get,
⑤ ⑥

they have to hold on to their aesthetic values.
⑦ ⑧_{エステティク}

That's the sort of mental toughness they have to have.

If anybody complains about it,

they can just kick that person off the production.

⑤no matter what ...
　たとえなんの〜でも
⑥criticism　批判

⑦hold on to A　Aを手放さない
⑧aesthetic values
　（複数形で）美についての価値観

プライドの高い女優

役者って呼ばれてる最近の若い連中って何。

ちょっとテレビで売れてるからって、

もう大スター気取り。

まったく礼儀がないんだから。

先輩に対する態度がなってないわ。

なれなれしくしないでちょうだい。

私は仲間じゃないのよ。

私はあなたたちと格がちがうの。

名作映画にもたくさん出演している。

数々の賞を受けているのよ。

私は大女優なんですからね。

英語表現

①snobbish　お高くとまった
②what's with A　Aは何が問題なのか
③so-called　いわゆる
④have no manners　行儀が悪い
⑤senior　目上の人間

A Snobbish Actress 12

What's with these young so-called actors these days?

Being a little bit popular on TV

makes them feel like they're big stars.

They have no manners.

They have a terrible attitude towards their seniors.

Don't act so friendly with me.

I'm not your buddy.

I'm in a totally different league from you.

I've acted in many fine movies.

I've received countless awards.

You know, I'm a great actress.

⑥buddy　仲間
⑦league　部類
⑧act　役を演ずる

⑨countless　無数の

自信過剰なシェフ

私が働いているレストランは、

よくテレビや雑誌に取り上げられます。

人気のあるレストランなんです。

それは当然だと思いますよ。

だって私がシェフだからです。

私の料理の腕前は、

たぶん誰よりも優れています。

というよりは世界中の料理人のなかで

私は10本の指に入るんじゃないかな。

だから、もし誰かが料理を残すと

私は心から不愉快に思う。

英語表現
①cover　を取材する
②TV show　テレビ番組
③natural　当然の
④I suppose　であろうと思う
⑤superior to A　Aに優っている

An Overconfident Chef **13**

The restaurant where I work

has been (1)covered by lots of (2)TV shows and magazines.

It's a very popular restaurant.

That's (3)natural, (4)I suppose,

because I'm the chef.

My cooking skills

are (5)superior to anyone's, I'm sure.

(6)To put it another way, among all the chefs in the world,

I'm probably one of the top ten.

So if anybody leaves food on their (7)plate,

I'm extremely (8)offended.

(6)to put it another way
言い方を変えれば
(7)plate　皿

(8)offended　不愉快に思う

79

節約家の地主

お金ほど大切なものはありません。

お金がなければ何もできません。

だから私は出費に注意しています。

いかにお金を使わずに生活するか、

そればかり考えてきました。

そのケチぶりは徹底しています。

毎日の食費だって

300円以下です。

つき合いもすべて断ります。

いずれにしても、それだけケチを徹底しているから、

私はこの地域で1番の高額納税者なんです。

① penny-pinching
ケチな（であること）
② watch every penny
出費に注意する
③ thorough 徹底的な

A Penny-Pinching Landowner 14
①

There's nothing more important than money.

You cannot do anything without money.

That's why I've always watched every penny.
②

How to live using as little money as possible

is what I've always thought about the most.

I'm very thorough in my stinginess.
③   スティンヂィネス
④

The amount I spend on food each day

is less than 300 yen.

I refuse all social invitations.
⑤   ⑥

However, because of this thorough penny-pinching,

I could become the number one taxpayer in this region.
⑦

④stinginess ケチ
⑤refuse を断る
⑥social invitation 社交上の誘い
⑦region （特定の）地域

尊大な社長夫人

今時の若い女性ときたら、

本当に育ちがなってないんだから。

主人の会社の従業員もそう。

礼儀正しい言葉づかいは知らないし、

挨拶もまともにできないのよ。

いったい彼女たちは

両親にどのように育てられたんでしょうね？

だいたいほとんどの子が

お米の研ぎ方も知らないんですって。

なんて恥ずかしいことでしょう。

もっと私を見習いなさい。

① properly　きちんと
② bring up　を育てる
③ polite language
　礼儀正しい言葉

A Self-Important Company Owner's Wife 15

The young women these days

haven't been <u>properly</u>(①) <u>brought up</u>(②) at all.
プラパリィ

That's the case with the employees at my husband's company.

They don't know how to use <u>polite language</u>(③),
ポライト

and they can't even give the proper greetings.

<u>How in the world</u>(④) have they been

<u>raised</u>(⑤) by their parents?

I heard that most of them

don't even know how to wash rice.

It's a <u>disgrace</u>(⑥).

They should <u>follow my example</u>(⑦).

④how in the world
　いったいどのように
⑤raise　を育てる

⑥disgrace　恥辱
⑦follow A's example
　Aを見習う

他人を信用しない金融業者

皆さんの人生に役立つひとつのルールがあります。

それが何かを教えてあげましょう。

それは「絶対に人を信用するな」です。

人を信じていいことなんてありません。

私はお金を貸す仕事をしています。

このモットーのおかげで、

地方の都市では最も成功した

金融業者になったのです。

社員もたくさんいますが、

最終的な金の計算と管理は自分がやります。

身内にも絶対に金には触らせません。

英語表現
①mistrustful　信用しない
②moneylender　金貸し業者
③never ever　断じて
④no A whatsoever
　Aなどまったくない

A Mistrustful Moneylender 16

I have one rule that's useful in life.

I'll tell you what it is:

"Never ever trust anyone."

There's no advantage whatsoever in trusting others.

My work is to lend money.

Thanks to my policy,

I've become one of the most successful

moneylenders in this area.

I have many employees at my company,

but the final accounts and the management of money are handled by me.

I never even let my relatives touch the money.

⑤employee　従業員
⑥account　計算
⑦relative　親族と親類

説教好きな成功者

自分が成功したから言うわけじゃないし、

自慢話でもないが、

あなたたち、だいたい不満が多すぎる。

社会が悪いだとかなんとか言うのは、

結局なんでも人のせいにしてるってことだ。

お前たちは根性がないのか？

要は自分の気持ちの持ちようだ。

いちいちくだらんことで、不平不満なんか言いなさんな。

もし成功したければ、

ムダ口たたかずに

必死に頑張ってごらんなさい。

英語表現

①preach　説教する
②complaint　不平
③A's fault　Aのせい
④or whatever　とかその同類の
⑤blame A on B　AをBのせいにする

A Successful Man Who Likes to Preach 17
①

I'm not saying this because I'm a successful man,

nor am I boasting about myself, but

you people have too many complaints.
②

If you always say things are society's fault,
③
or whatever,
④

you end up blaming everything on others.
⑤

Don't you have any self-discipline?
⑥

Everything depends on your attitude.
⑦

Don't complain about every little problem.

If you want to be successful,

stop all the grumbling
⑧

and just try as hard as you can.

⑥self-discipline
　自己修養の気持ち
⑦attitude　精神的な姿勢

⑧grumble　ブツブツぼやく

III

困った私
My Personality Gets
Me in Trouble.

無愛想なウェイトレス

私ね、疑問に思ってることがあるんです。

人々は、ホンネとタテマエを話します。

自分の感情を殺して、

他の人と仲良く見えるようにするの

好きじゃないんです。

自分の自然な感情のままでいたいんです。

どんな時も。

私ウェイトレスをしているのですが、

店長から無愛想だって注意されるんです。

でもイヤなお客の前で、

自分の本当の気持ちを出しちゃダメなんですか？

英語表現
① public behavior　公然のふるまい
② suppress　を抑圧する
③ so that ...　〜するために
④ seem ...　見かけが〜のように見える

An Unfriendly Waitress　**1**

I've been wondering about something.

People talk about the gap between your true feelings and your ①public behavior.

②Suppressing my true feelings

③so that I can ④seem friendly to others

is something I hate to do.

I just want to ⑤go with my natural feelings

in every situation.

I work as a waitress,

and the manager often criticizes me for being unfriendly.

But when I'⑥m faced with an ⑦obnoxious customer,

why can't I show how I really feel?

⑤go with A　Aに同調する
⑥be faced with A
　Aに面と向かわせられる

⑦obnoxious　気にさわる

91

集中力のない予備校生

私は昨年大学受験に失敗して、

浪人生活を送っています。

今は家の近くにある予備校に通っています。

でも、なかなか勉強に身が入らないのです。

どうも私には集中力がないようです。

授業中も意識が散漫で、

講師の話をじっと聞くことができないのです。

家でも勉強しながら、

すぐほかのことを始めてしまいます。

たぶんこのままじゃ大学は受からないでしょう。

どうしたらいいんでしょうか？

英語表現
①prep school　予備校
②powers of concentration　集中力
③fail the exam　試験に落ちる
④seem to do ...
　　～するみたいに思える

A Prep School Student with No Powers of Concentration 2
①   ②

I failed the entrance exam for college last year,
③

and now I'm preparing for next year.

I go to a prep school near where I live.
プレップ

My trouble is I can't work hard enough.

I seem to lack powers of concentration.
④   ⑤

My mind wanders all over the place during classes,
⑥   ⑦

and I can't sit still and listen to the lecturers.

And when I try to study at home,

I'm easily distracted and start to do other things.
⑧

If I keep going like this, then I probably won't pass the exam.

What can I do?

⑤lack が欠けている   ⑧distracted 気が散って
⑥wander さまよう
⑦all over the place あちこちに

無気力なフリーター

あたし、生きてても全然面白くないんだ。

何もやる気がしないの。

中学生の時まではソフトボールクラブにのめり込んで、

そして毎日夜遅くまでプレイしていました。

しかし高校に行くようになってから、

学校をサボるようになって、

そして結局中退してしまったの。

それ以後ブラブラしています。

たまにアルバイトしたりするんだけど、

無断欠勤するんでやめさせられてしまうの。

あたし、いつまでもこんなんでいいんでしょうか。

英語表現
①apathetic　無感情な
②part-time　パートタイムの
③feel like doing ...　～したい
④enthusiastic　熱心な
⑤cut a class　授業をサボる

94

An Apathetic Part-Time Worker

3

I don't enjoy my life at all.

I just don't feel like doing anything.

When I was in junior high school, I was an enthusiastic member of the softball team,

and played till late in the evening every day.

But after I started high school,

I started cutting classes,

and I ended up dropping out of school before graduation.

Since then I've been drifting.

I sometimes get a part-time job,

but I always get fired after not showing up a few times.

I wonder how long I can go on like this.

⑥drop out of A　Aから脱落する　　⑨show up　姿を見せる
⑦drift　あてどなく過ごす
⑧fire　をクビにする

命令されたくないコンビニ店員

僕はいつもそうだった。

人から指示されたり、

命令されたりすることが、

本当にイヤなんです。

だから誰かが僕に親分口調で、

意志を押しつけたり、

何かの方法で束縛しようとすると、

めちゃくちゃ頭にくるんです。

じつは今日も店長が私に命令するんで、

どたまにきて、

店から飛び出てきてしまいました。

英語表現

①order A around
　Aにいちいち指図する

②impose A on B
　AをBに押しつける

③restrict　を束縛する

A Convenience Store Clerk Who Refuses to be Ordered Around
①

I've always been this way.

To be instructed to do something

or to be ordered to do something

is what I hate the most.

So, when somebody speaks to me in a bossy tone

in order to impose their will on me
②

or to restrict me in some way,
③

it just drives me crazy.
④

Today, in fact, when the store manager ordered me to do something,

I got so mad

that I immediately walked out of the store.
⑤   ⑥

④drive A crazy
 Aをおかしくさせる
⑤immediately　ただちに

⑥out of A　Aから出て

引っ込み思案なデパート店員

私が勤めているデパートの同僚は、

みんな積極的です。

みんなと仕事をしていると、

いつも自信をなくしてしまいます。

私は昔から本当に引っ込み思案なんです。

お客様がお店に来られたとき、

自分から積極的に応対できないのです。

でもこのあいだ合コンに参加したら、

ある男性が言ったんです、

「あなたのような奥ゆかしい女性が好きだ」って。

今その彼とつき合っています。ふふふっ。

 英語表現

①reserved 控えめな
②salesclerk 販売店員
③aggressive 自分から前に出るような
④lose confidence in oneself 自信を失う

A Reserved Department Store Salesclerk   5
①   ②

My co-workers at the department store where I work

are all very aggressive.
③

Working with them

always makes me lose confidence in myself.
④

I've always been a very reserved person.

When customers come into the store,

I can't approach them in an aggressive way.

But when I went to a matchmaking party the other day

I met a man who said,

"I like women who are reserved, like you."

Now I'm seeing him. Hee hee hee.
⑤

⑤be seeing A
　Aとつき合っている

飽きっぽいサラリーマン

こんなことを言うと私は未熟だと思うかも知れません、

でも笑わないで聞いてくださいね。

じつは私はもうかれこれ

30回ばかり転職しているのです。

今日もまた辞表を

提出してきたところです。

どうしてそんなに会社を変わるのか、

それは私が簡単に飽きるからです。

ひとつのことを長く続けることができないんです。

来月結婚する予定です。

もしかしたらまた飽きて離婚するのではないか心配です。

①perseverance　忍耐
②immature　未成熟な
③make fun of A　Aをからかう
④change jobs　転職する
⑤hand in A　Aを提出する

A Company Employee Who Lacks Perseverance

You might think I'm immature or something if I say this,

but please listen, and don't make fun of me.

Actually, I've already

changed jobs 30 times or so.

I've just handed in

my resignation again today.

The reason I change jobs so often

is that I get bored very easily.

I just can't stick to one thing for a long time.

I'm going to get married next month.

I wonder if I'll end up getting bored again, and getting divorced.

⑥resignation 辞表
⑦bored うんざりする
⑧stick to A Aと離れずにいる
⑨get married 結婚する
⑩get divorced 離婚する

根性のないセールスマン

セールスマンにとって何より大切なのは

根性があることです。

ところが私ときたら、

これっぽちも根性がないのです。

出かける時は強い決意で

「今日こそは絶対に契約を取るぞ」と言っても、

訪問先で辛く当たられると、

それだけで決意が萎えてしまいます。

それで朝から喫茶店に行って、

時間をつぶすのです。

本当に情けないです。

①representative　販売員
②salesperson　（男女とも）販売員
③definitely　絶対に
④contract　契約
⑤harsh　荒っぽくきびしい

A Sales Representative with No Guts 7

The most important quality for a salesperson is

to have guts.

But when I look at myself,

I see that I have no guts at all.

When I go out, I feel very determined and say,

"Today, I will definitely get a contract."

But when I get a harsh response at the place I visit,

I immediately lose that feeling of determination.

Then I go to a coffee shop, even if it's still morning,

just to kill time.

I feel really pathetic.

⑥kill time　時間をつぶす
⑦pathetic　情けない

陰気な美容師

私は20人ほどの美容師が

働いているビューティーサロンにいます。

ここで働き始めて１年になります。

これまではお客様の髪を洗うだけですが、

ゆくゆくはお客様の髪を切るようになります。

でも心配なことがあります。

私はとても無口で暗く見えるんです。

美容師にとってお客様とおしゃべりをすること、

ご機嫌をとることも、仕事のなかで大切な部分です。

でも私にはそんなことはとてもできません。

たぶん私は美容師に向いていないのでしょう。

英語表現

①gloomy　陰気な
②one of these days　そのうちに
③give a haircut　散髪する
④chat with A　
　　Aとおしゃべりする

A Gloomy Hairdresser

I'm one of 20 or so hairdressers

working at a beauty salon.

I've been working here for one year.

So far I only wash customers' hair,

but ②one of these days I'll start ③giving haircuts.

I'm worried about one thing.

I'm extremely quiet and I tend to seem gloomy.

For hairdressers, chatting with customers

to ⑤make them comfortable is an important part of the job.

But I can't possibly do that.

Maybe I'm not cut out to be a hairdresser.

⑤make A comfortable
　Aをくつろがせる

⑥can't possibly do ...
　〜するなどとてもできない

シャイなダンス教師

私はとても恥ずかしがり屋です。

と言ったって誰も信じてくれませんよね。

私はダンス教師をしています。

生徒さんに教えている姿を見れば、

私が恥ずかしがり屋だと想像できないかもしれません。

でもこれは本当です。

私はシャイで、うぶで

女性の体に触れるだけで

内心ドキドキしてしまうのです。

もし生徒さんが私のタイプだったら、

全身が硬直してしまいます。

①instructor
(おもに技術を伴うものを教える) 教師
②inexperienced　経験不足の
③heart　心臓
④pound　(心臓が) ドキドキする

A Shy Dance Instructor

I'm a very shy person.

Nobody would believe me if I said that.

I work as a dance instructor.

If you saw me teaching my students,

you'd never think I was shy.

But it's true.

I'm shy and inexperienced,

and just touching a woman's body

makes my heart pound.

And if a student is my type,

I go stiff all over.

⑤one's type 好みのタイプ
⑥go stiff かたくなる
⑦all over 体中

臆病なスタントマン

私は小さい頃からとても臆病で、

木に登ることすらできませんでした。

ところがそんな臆病な私が、

スタントマンをしています。

自分を強くしたくてこの仕事につきました。

仕事はいつも危険と向き合っています。

知人は怖くないかと聞きます。

もちろん怖いです。

高いビルから飛び降りる時は、

足がガタガタと震えて、

おしっこを漏らしそうです。

英語表現

① cowardly　臆病な
② coward　臆病者
③ ever since ...　～以来ずっと
④ get into A　A を始める
⑤ face　に直面する

A Cowardly Stuntman 10

I've been a coward ever since I was a child—

so cowardly that I couldn't even climb a tree.

But although I'm such a coward,

I now work as a stuntman.

I got into this work because I wanted to make myself strong.

At work, I face danger constantly.

People ask me if I feel frightened.

Of course I'm frightened.

When I'm about to jump off a tall building,

my legs shake,

and I nearly wet my pants.

⑥frightened　怖い
⑦be about to do ...
　今にも～しようとしている

⑧wet one's pants　漏らす

109

存在感の薄い舞台俳優

なぜ私は役者として成功しないのでしょうか。

私は子供の時から芸能界にいるのですが、

いつも脇役ばかりなのです。

私の容姿は悪くないし、

自分に演技力があることは知っています。

ほかの役者さんより劣っているとは思えません。

なのにいまだに主役をやったことがないんです。

ある人から一度言われました。

「お前は地味で華がない」と。

あなたの私への印象はどうですか？

正直に本当に思っていることを言ってください。

英語表現

①stage actor　舞台俳優
②presence　（舞台上の）存在感
③show business　芸能界
④minor　重要性の低い
⑤looks　（複数形で）容貌

A Stage Actor with No Presence 11

I wonder why I'm not very successful as an actor.

I've been in show business since I was a child,

but I've always gotten minor roles.

My looks are adequate,

and I know I have acting ability.

I don't think I'm inferior to any other actors.

But still, I've never been given a leading role.

Someone once said to me,

"You're too understated—you have no pizzazz."

What is your impression of me?

Please be honest and tell me what you really think.

⑥adequate　充分適切な
⑦inferior to A　Aに劣った
⑧leading role　主役
⑨understated　控えめな
⑩pizzazz　派手さ

弱気なプロゴルファー

私はプロのゴルファーです。そして

ずば抜けた技術があると知っています。

たぶん国内でも10本の指に入るプレーヤーです。

ところが今までに1度も優勝したことがないのです。

原因は分かっています。

それは私が弱気な人間だからです。

せっかく決勝戦に絡んでも、

他のゴルファーの気迫に萎縮させられてしまい、

突然弱気になってしまうのです。

自分がものごとに動じない人間であったら

今頃はもう何度優勝したかしれません？

① pro　プロの
② nerve　度胸
③ outstanding　抜群の
④ weak-willed　気が弱い
⑤ final　決勝

A Pro Golfer Who Lacks Nerve 12

I'm a pro golfer, and

I know I have outstanding skills.

I'm probably one of the 10 best golfers in the country.

But I've never won a single tournament.

I know the reason.

It's because I'm a weak-willed person.

Even when I manage to get into the finals,

I get intimidated by the confidence of the other golfers,

and I suddenly begin to feel weak.

If I were an unshakable person,

who knows how many championships I'd have won by now?

---

⑥intimidate を萎縮させる
⑦unshakable 揺るがしえない

⑧who knows ...
　〜かは誰も知らない
⑨by now 今頃はもう

面倒くさがりの雑誌編集者

編集者というと聞こえはいいですが、

でもけっしてカッコいい仕事ではありません。

うんざりするような雑務の連続です。

仕事に慣れていないと、

パニックを起こしてしまいます。

深夜の作業もざらです。

私はすごく面倒くさがり屋で、

メシを食うのも面倒なくらいな人間です。

そんな私が編集者として仕事をしています。

「手をできるだけどう抜こうか？」

いつもそればっかり考えています。

英語表現
①cool　カッコいい
②continuous　途切れない
③time-consuming　時間を食う
④task　（骨の折れる）作業
⑤well-versed　精通した

A Lazy Magazine Editor **13**

Being an editor might sound cool,

but it's not a cool job at all.

It's a continuous flow of time-consuming tasks.
②   ③
④

So, if you're not well-versed in your job,
⑤   ヴァースト

you can easily get into a panic.

Working till late at night becomes your routine.
⑥

Actually, I'm a very lazy person—

so lazy that even eating is almost too much trouble.
⑦

And I work as an editor.

"How can I cut as many corners as possible?"
⑧

That's what's always on my mind.
⑨

---

⑥routine 日常的なこと
⑦too much trouble
　面倒すぎること

⑧cut corners 近道をする
⑨on one's mind 気にかける

口下手なアナウンサー

こんなことを言うと、

驚くかもしれません。

じつは私、とても口下手なんです。

ウソじゃないんです。本当です。

謙遜でもなんでもありません。

そりゃ、私はテレビアナウンサーです。

だから書かれた原稿を読むのは問題ありません。

でも、あることが起こって

とっさにその場でコメントしろと言われると、

突然頭が真っ白になってしまって、

ちゃんとしたことが言えなくなってしまうのです。

①surprise　を驚かせる
②lie　ウソをつく
③modest　謙虚な
④no problem for A to do ...
　　Aにとって〜するのは問題ない

A TV Announcer Who's a Poor Speaker **14**

What I'm going to tell you

might <u>surprise</u> you.
①

I'm actually a very poor speaker.

I'm not <u>lying</u>. It's true.
②

I'm not being <u>modest</u> or anything.
③

Yes, I'm a TV announcer, all right.

So it's <u>no problem for me to read</u> a written
④
script.

But if something happens and

I'm asked to give a comment <u>right</u> <u>on the spot,</u>
⑤   ⑥

my mind suddenly <u>goes blank</u>
⑦

and I stop <u>making sense.</u>
⑧

⑤right　まさしく
⑥on the spot　その場で
⑦go blank　真っ白になる

⑧make sense
　理にかなったことを言う

117

優柔不断な経営者

私はどうも会社を経営することが

得意ではないような気がします。

自分は優柔不断です。

いつも迷ってばかりいるのです。

私がすべきことは明確なビジョンを持ち、

そしてそれをやり遂げること。

しかしなかなか実績が出ないと

突然不安になって、

何かやり方がマズいのかと考えて対処してしまうのです。

それで途中で計画を変えてしまうのです。

頭では間違いだと分かっているのですが……

英語表現
①CEO　最高経営責任者
②one's cup of tea　得意なこと
③make up one's mind　決心する
④follow through on A
　Aをやり遂げる

An Indecisive CEO 15
①

I feel that managing a company

may not be my cup of tea.
②

I'm very indecisive.
インディサイスィヴ

I always have trouble making up my mind.
③

What I should do is have a clear vision,

and follow through on it.
④

But when I don't see any immediate results,
⑤

I begin to feel really anxious,
⑥

and think that something must be wrong
with the way I've handled things.
⑦

Then I change my plan in the middle of the
project.

Intellectually, I know it's a mistake...
⑧

⑤immediate　即座の　　　　　　⑧intellectually　知的には
⑥anxious　不安に満ちた
⑦handle　に対処する

甘えん坊のクラブママ

私は、銀座でも1、2を争う

クラブを経営しています。

お店の常連さんは

大手企業の社長さんたちです。

外見は立派で堂々としていても、

私たちのところでは子供のようにふるまいます。

男ってやっぱり本質的に

女性に甘えん坊で、

私はそんな男性のおもりをしているんです。

でも本当は私こそ、男に甘えたい女です。

だからときどき本当に欲求不満になっちゃいます。

英語表現

①proprietress　女性経営者
②run　を経営する
③top-ranked　最高級の
④impressive　賞賛を呼ぶ
⑤dignified　堂々とした

A Hostess Club Proprietress Who Wants to Depend on Men 16
①

I run one of the top-ranked
②   ③

hostess bars in Ginza.

Some of our regular customers are

presidents of major companies.

They may look impressive and dignified,
④   ⑤

but they behave like children when they're
⑥
at our place.

I know that men, by nature,

like to be dependent on women,
⑦

so I try to take care of them.

But actually, I'm a woman who likes to
depend on men.

And it gets really frustrating sometimes.

⑥behave like A
　Aのようにふるまう
⑦dependent on A　Aに依存した

頭のかたい法律家

娘は私に文句を言うんです。

「お父さんは法律の専門家だけど、

毎日の生活に法律を持ち込まないで」と。

以前、娘がこう言ったんです。

「もし成績が上がったら何か買ってくれる？」と。

私はそれに答えて

「仮定の質問には答えられない」と。

娘が男友達を家に連れ込んだ時は、

その男に「家宅侵入罪だ」と言いました。

私は法律家なんですよ。

すべてに法律を適用して何が悪いんですか？

①stubborn　頑固な
②apply A to B　AをBに適用する
③everyday life　日常生活
④grade　成績
⑤hypothetical　推測にもとづく

A Stubborn Lawyer 17
①

My daughter complains to me.

"I know you're an expert in the law,

but please don't ②apply it to our ③everyday life."

Once she said to me.

"Will you buy me something if I get better ④grades?"

So I replied,

"I cannot answer a hypothetical question."

When she brought her boyfriend here,

I told him that he was ⑤guilty of ⑦breaking and entering.

I'm a lawyer.

What's wrong with applying the law to everything?

⑥guilty of A　Aの罪を犯した
⑦breaking and entering
　家宅侵入（罪）

IV

個性的な私
I'm a Unique Character.

礼儀正しい娘

私の両親はとてもしつけがきびしかったです。

小さい頃からそれはもう、

母から礼儀正しくするように言われ続け、

箸の上げ下ろしから、

挨拶の仕方から、

敬語の正しい使い方まで。

母親のおかげで、いまでは私はふだんから、

礼儀正しくふるまうことができます。

由緒ある家柄のご婦人が

このおかげで私をとても気に入ってくださって、

縁談を進めてくださっています。

①well-mannered 行儀のよい
②strict 厳格な
③good manners 行儀のよさ
④insist (that) ... 〜を主張する
⑤etiquette 礼儀作法

A Well-Mannered Young Woman
①

My parents were very strict about good manners.
② ③

Ever since I was a child,

my mother always insisted I follow the rules of etiquette,
④ ⑤

from using chopsticks properly and
⑥

saying the proper greetings

to using polite expressions at the right time.
⑦

Thanks to her, now it's always easy for me

ポライトゥリィ
to behave politely.

A lady from a distinguished family
⑧

liked me so much because of this
⑨

that she's trying to arrange a marriage for me.

⑥chopsticks　箸
⑦polite expression　敬語
⑧distinguished　名高い

⑨because of A　Aのゆえに

127

誇り高き国会議員

あるニュース番組を見ていたら、

キャスターがある国会議員に対して、

横柄な態度で対談していた。

かりにも国会議員は国を代表する立場で、

それなりに権威があるんだ。

そういう立場の人間に会いながら、

敬意を払わない態度というのは

まったく容認できない。

国会議員を小バカにするというのは、

日本という国を侮辱するのと同じことだ。

そういう態度はつつしんでもらいたい。

英語表現
①proud　誇り高い
②Diet member　国会議員
③presumptuous　無遠慮な
④representative　代表者
⑤acceptable　許容できる

A Proud Diet Member   2

①   ②

I was watching a TV news program,

and I saw a newscaster talking to a Diet member

in a presumptuous way.
③

A Diet member is a representative of this country—
④

it's a position of great authority.

When someone meets a person with that kind of position

and shows no respect,

that's not acceptable at all.
⑤

Making fun of a Diet member is

the same as insulting Japan.
⑥

They should correct that sort of attitude.
⑦   ⑧

⑥insult を侮辱する
⑦correct を正す
⑧attitude 態度

したたかな商社マン

私は商社の営業マンとして働いています。

この世界は出世争いが激しいです。

それは非情なるビジネスです。

だから頑強でないと

脱落してしまいます。

うっかりしていると、

誰かに足を引っ張られ

損することになります。

そういうことで私は平気で

同僚を利用することもあります。

最後は正直者がバカを見るのです。

英語表現
①tough　（精神的に）不屈な
②competition　競争
③promotion　昇進
④fierce　猛烈な
⑤cutthroat　非情な

A Tough Trading Company Employee 3

I work as a sales representative at a trading company.

The competition for promotion in our field is fierce.

It's a cutthroat business.
カットスロウト

So unless you're really tough

you'll be left behind.

If you're not careful,

someone will pull you down

and put you in an unfavorable position.

That's why I don't have any problem

taking advantage of colleagues if I need to.

In the end, honesty doesn't pay.

⑥unless ... もし~でないと
⑦be left behind 取り残される
⑧unfavorable 不利な

⑨take advantage of A
　Aを利用する

質素な演歌歌手

お客様は私にとって神様です。

今の自分があるのも、

お客様のおかげです。

私は舞台の上では

華やかに着飾っていますが、

私生活では控えめにしています。

同じ歌手のなかには、

高価な指輪やネックレスをつけて、

贅沢な生活を送っている方がいます。

人の生活をとやかく言うつもりはありませんが、

私にはあんなことはできません。

 英語表現

① audience 観客
② on stage 舞台の上では
③ fancy 装飾的な
④ sedate 地味な
⑤ extravagant 華美で贅沢な

A Modest Enka Singer 4

To me, the audience is God.
①

I've become what I am today

thanks to my audience.

On stage
②

I always wear fancy dresses,
③

but I try to be sedate in my private life.
     セデイト
       ④

Some other singers

always wear expensive rings and necklaces,

and have extravagant lifestyles.
     イクストゥラヴァガント
        ⑤

I don't mean to criticize the way other people live,

but I could never do that myself.
       ⑥

⑥ could never do ...
たとえしようと思っても〜できない

面白くないお笑い芸人

私はお笑い芸人で、

芸能プロダクションに所属しています。

まだ駆け出しの芸人ですから、

誰も私のことは知らないと思います。

私は小学生の頃から

人を笑わせるのが趣味でした。

私はいつも大人になったら絶対に、

芸人になろうと思っていました。

でもプロの世界はちがいますね。

お客様を笑わせるのは本当に大変です。

自分の顔が面白いだけではダメですね。

①be signed up
　登録されている
②agency　斡旋業者
③since ...　〜なのだから
④fledgling　巣立ったばかりの

A Comedian Who's not Funny Enough

5

I'm a comedian,

and I'm signed up with a talent agency.
①   ②

Since I'm still a fledgling comedian,
③   フレヂリング
              ④

I don't think anybody has heard of me yet.

Ever since I was in elementary school,

I've liked to make people laugh.

So I always thought that when I grew up,
                                    ⑤

I would definitely become a comedian.

But being a professional is a whole different
              ⑥   ⑦
story.

It's very difficult to make an audience
laugh.

Having a funny face doesn't seem to be
enough.

⑤grow up　成人する
⑥professional　プロ

⑦a whole different story
　まったくべつの話

涙もろい葬儀屋

お恥ずかしい話ですが、

私は本当に涙もろいんです。

テレビを見ていて

悲しい場面や感動する場面を見ると、

とたんに涙があふれ出てきます。

私は葬儀屋をしています。

葬式のお手伝いをしていて、

悲しんでいる親族を見ると、

もらい泣きしてしまうのです。

ときどき涙が止まらず、

仕事ができません。

 英語表現

①emotional
　感情に動かされやすい
②undertaker　葬儀屋
③embarrassing　恥ずかしい
④moving　感動するような

An Emotional Undertaker 6
①   ②

It's embarrassing to say this,
③

but I'm very emotional.

When I'm watching TV,

and see sad or moving scenes,
④

my eyes immediately fill up with tears.

I work as an undertaker.

When I help at funerals
フューネラルズ
⑤

and see the grieving relatives,
⑥

I begin to weep in sympathy.
⑦   ⑧

Sometimes I just can't stop my tears, and

I can't do my job well.

⑤funeral 葬儀　　　　　　⑧in sympathy 同情して
⑥grieve 悲嘆にくれる
⑦weep 泣く

137

無口な板前

私は無口な人間です。

もし私をほうっておいたら

1日中何も話さないでいます。

私にはペチャクチャしゃべる人種が

まったく理解できません。

男は静かで

口数が少ないのにかぎります。

そのほうがカッコよくて男らしくていいと思いませんか？

でもお客様を目の前にして、

ひとことも話をしないと、

お客様を気まずくさせるようです……

①go　（ある状態に）ある
②the whole day　丸1日
③rattle on　ペチャクチャしゃべり続ける
④manly　男らしい

A Quiet Japanese Chef　7

I'm a quiet person.

If you let me,

I would ①go ②the whole day without saying anything.

People who ラトゥル rattle on and on ③

are people I'll never understand.

I really admire guys who are quiet

and don't say much.

That's really cool and ④manly, don't you think?

But when I'm in front of my customers

and don't say a word,

it seems to make them very ⑤uncomfortable ...

⑤uncomfortable　気まずい

冗談の通じないコミック作家

私はとても真面目な人間です。

よく「冗談の通じない人ね」と言われます。

誰かがジョークを言っても

それを文字どおりに受け取って、

怒り出してしまうんです。

おかげでトラブルはしょっちゅう。

私の描くマンガは人気がありますが、

私を知る人たちは不思議がります。

「いったいなんであんな性格で、

こんなコミカルなマンガが描けるの？」と。

そんなこと私の勝手でしょ？

英語表現
①comic strip　コマ割りマンガ
②literally　文字どおり
③get A in trouble
　Aを面倒なことに巻き込む

A Comic Strip Writer with No Sense of Humor

I'm a very serious person.

People often say, "You have no sense of humor."

When someone tells me a joke,

I tend to take it literally,

and I start to get angry.

This has gotten me in trouble many times.

The comic strips I draw are very popular,

but to those who know me personally, it's a mystery.

"How in the world, with a personality like hers,

can she draw those comical stories?"

That's none of their business, is it?

④ know A personally
 Aと直接面識がある
⑤ mystery なぞ
⑥ none of A's business
 Aの知ったことではない

理屈っぽいプログラマー

私にとってどうも肌が合わないのが

アート系の人間だ。

彼らといっしょに仕事をすると

イライラしてくる。

彼らはものごとを感覚的に理解しようとする。

論理的に考えようとしない。

論理的思考をしない彼らと議論すると、

まったく波長が合わない。

議論は結局は言い争いになってしまう。

もし彼らが会社の同僚でなかったら、

絶対にあんなヤツらとはつき合わないよ。

英語表現

①get on with A　Aと気が合う
②... type　〜タイプの人
③irritate　をイライラさせる
④senses　五感、感覚

A Computer Programmer Who Loves Logic

I don't seem to get on with
①

artistic types.
②

Working with them

irritates me.
③

They try to understand everything through their senses.
④

They never try to think in a logical way.

When I have a discussion with people who don't think logically,

it feels like we're on totally different wavelengths.
⑤　　　　　　　　　　　ウェイヴレングスズ

The discussion eventually turns into an
⑥
argument.
⑦

If they weren't my work colleagues,

I would never associate with such people.
⑧

⑤ on different wavelengths
　波長が合わぬ
⑥ eventually 結局は
⑦ argument 言い争い
⑧ associate with A
　Aとつき合う

143

自己主張の強いクリエーター

アーティストというものは、

我の強いものです。

なぜなら創作活動とは、

作品に自我のすべてを投影するものだからです。

だから才能あるクリエーターであればあるほど

個性が強く、

より積極的です。

私が意地っ張りに見えるとしたら

それは私が偉大なアーティストである証明です。

私のデザインを直せと言い張るなら

この企画から手を引きますよ。

①assertive　独断的な
②project A onto B
　AをBに投影する
③entire　全体の

An Assertive Commercial Artist 10

Artists tend to have

strong egos.

That's because in creative activities,

you have to project your entire ego onto the thing you're making.

Therefore, the more talented an artist you are,

the stronger your personality is, and

the more assertive you are.

If I seem stubborn,

that only shows that I'm a great artist.

If you insist that I make changes in my design,

I'll withdraw from this project.

④therefore それゆえに
⑤talented 才能ある
⑥show that ... ～を示す

⑦withdraw 脱退する

好奇心の強い女流作家

私が作家のせいなのか、

とにかく私は好奇心が強いの。

何にでも関心を持ちたがるんだな。

もしあることに関心を持つと、

とことんまで追求しちゃう。

そうじゃないと気が済まないの。

そしてそれに、とことん没頭してしまう。

ある時ワインに興味を持って、

世界中のワインを飲み比べたり

ソムリエの資格を取ったりしたこともあったわ。

考えてみれば私の人生、回り道ばかりしてきたな。

①inquisitive　知りたがりの
②otherwise　さもなければ
③preoccupied with A
　Aに夢中になっている
④subject　テーマ

An Inquisitive Writer 11

Maybe it's because I'm a writer,

but I have a great deal of curiosity.

I tend to be interested in everything.

When I'm interested in something,

I find out all I can about it.

I wouldn't be satisfied otherwise.

I get completely preoccupied with the subject.
(プリーアキュパイド)

At one time, I took an interest in wine.

I would drink wines from all over the world to compare them,

and I even got myself qualified as a sommelier.

Come to think of it, my life seems to be made up of these detours.

⑤take an interest in A
　Aに興味を持つ

⑥come to think of it
　考えてみれば

⑦detour　回り道

人間嫌いな彫刻家

私はいつもアトリエにこもって、

彫刻を彫っております。

妻も子供もおりません。

私はずっと独身です。

人は私に寂しくないかと聞きますが、

他人に気兼ねしないで済みますから、

私はこのままで満足です。

だいたい私は人間が嫌いで、

人間と関わることが

本当にわずらわしいんです。

孤独も悪いものではありません。

①misanthropic 人間嫌いの
②be shut up in A　Aに閉じこもる
③work on A　Aに取り組む

A Misanthropic Sculptor 12
①

I spend all my time shut up in my studio,
②

working on my sculptures.
③   ④

I don't have a wife or children.

I've been single all my life.

People ask me if I feel lonely, but

since I don't have to worry about other people's feelings,

I'm content with the way things are.
⑤

In the first place, I don't like people,
⑥

and having to associate with them

bothers me a great deal.
⑦   ⑧

Being alone is not bad at all.
⑨

④sculpture　彫刻作品　　⑦bother　をわずらわせる
⑤content with A　Aに満足して　⑧a great deal　ずいぶん
⑥in the first place　そもそも　⑨not bad　悪くない

常識はずれの芸術家

一般の人たちは芸術家と聞くだけで、

偏見からすぐ変わり者と考えます。

ある人は「芸術家は非常識なヤツ」といいます。

我々がそのようにレッテルを貼られるのは

みんな自分の狭い尺度で、

人を判断しているからです。

でもじつは常識からみてあたりまえのことでも、

常識をはずれた視点から見れば

きわめて不自然なことがあります。

先日裸足で街を歩き回りました。

とても解放感があって気持ちよかったですよ。

 英語表現

①common sense　常識
②ordinary people　ふつうの人々
③prejudiced　偏見がある
④label　にレッテルを貼る

An Artist Who Lacks Common Sense ① 13

When ②ordinary people hear the word "artist," they immediately think of

someone "strange," because they're prejudiced. ③ (プレヂャディスト)

Some people even say, "Artists have no common sense."

We get labeled this way ④

because people use their own narrow standards

to judge others.

But actually, things that ⑤are taken for granted as normal,

when seen from a nonsensical viewpoint, ⑥ ⑦

can seem quite unnatural.

The other day, I walked around town barefoot. ⑧

It felt great and really liberating. ⑨ (リベレイティング)

⑤be taken for granted
あたりまえとされている
⑥nonsensical 非合理的な

⑦viewpoint 観点
⑧barefoot （副詞）裸足で
⑨liberating 解放させるような

完璧主義のピアニスト

私は優れたピアニストで、

世界的に有名です。

でもいまだかつて自分の演奏に

満足したことがないのです。

そのため練習に明け暮れています。

その完璧主義ゆえに私は世界的に有名になれたのですが、

でも満足できないのは悲劇です。

良くなろうとしても

決してゴールにたどりつけません。

ふと、自分の人生が虚しく感じられます。

完璧主義者は問題です。

英語表現

①perfectionist　完璧主義者
②brilliant　素晴らしい
③well known　有名な
④performance　演奏
⑤practice　練習する

A Pianist Who's a Perfectionist 14

I'm a brilliant pianist,

and I'm well known all over the world.

But actually, none of my performances so far have

really satisfied me.

So I practice day and night.

Being such a perfectionist is what made me world-famous,

but in fact it's tragic when you're never satisfied.

You can keep getting better,

but you'll never reach your goal.

I suddenly find myself feeling my life is empty.

It's terrible to be a perfectionist.

⑥world-famous
　世界的に名高い
⑦tragic　悲惨な

⑧empty　虚しい

無責任な評論家

テレビのワイドショーの番組で、

そこに座って利口ぶっている評論家がいますよね、

もっともらしいコメントを言う。

他を批判するなんて簡単なものです。

そういう人間にかぎって、

無責任だったりするんですよね。

じつはかくいう私もそのなかの1人です。

いつも好き勝手なことを話しています。

妻は私を偽善者だと非難しますが、

そもそも人間は矛盾した存在なんです。

我々は人には厳しく自分に甘いものなんです。

英語表現

①commentator　解説者
②know-it-all　利口ぶるヤツ
③judgmental　批判的な
④whatever one pleases
　何でも好きなこと

An Irresponsible Commentator
①

In the news magazine programs on TV,

you see those commentators sitting there like ②know-it-alls,

giving judgmental comments on everything.
③

It's so easy to criticize others.

Those people tend to be

irresponsible themselves.

In fact, I'm one of them.

I always say whatever I please.
④

My wife accuses me of being a hypocrite,
⑤ ⑥ ヒポクリト

but we humans are ⑦contradictory beings in the first place.

We're all ⑧severe with others and not so severe with ourselves.

⑤accuse A of B
　AをBについて非難する
⑥hypocrite　偽善者
⑦contradictory　矛盾した
⑧severe with A　Aにきびしい

155

二重人格の政治家

ここだけの話、あなたに忠告しておきますね。

多くの政治家はいい加減なヤツですよ。

自分も政治家だけど。

政治家は選挙民の前では、

いつも笑顔です。

しかし彼らのプライベートな生活は

それはもう傲慢にふるまい

「何様のつもりだ？」と言いたくなります。

政治家は二重人格者ですよ。

裏表がまったく極端です。

かく言う私は彼らの中の一人です。

①split personality　二重人格
②between you and me
　ここだけの話
③warn　に用心するよう言う

A Politician with a Split Personality **16**

This is between you and me, but I have to warn you.

Many politicians are phony.

Actually, I am a politician.

All politicians, when in front of their constituency,

are all smiles.

But in their private lives

they behave so arrogantly

that it makes you feel like saying, "Who in the world do you think you are?"

Politicians do have split personalities.

And the two sides are opposite extremes.

Well, actually, I'm one of them.

④phony　ニセモノの
⑤constituency
　選挙区の有権者
⑥be all smiles　喜色満面である
⑦opposite　正反対の
⑧extremes　（複数形で）両極端

V

アブナイ私
I'm a Dangerous Person.

やる気のないガードマン

40歳を過ぎて新しい就職口を探すことは、

このご時世、なかなか難しいです。

もし特別な能力があれば違うのでしょう。

結局私には可能性のある職場の選択がありません。

私は警備会社に雇われましたが、

お客さんに対する責任感なんて感じてませんから、

仕事に対してやる気などありません。

警備の見まわり中だというのに、

ほかのことばっかり考えたり、

雑誌を読んで時間をつぶしたり、

要するに、適当にやっています。

英語表現
①security guard 警備員
②motivation 熱意
③employment 就職口
④in this day and age 今時
⑤possible 可能性のある

A Security Guard without Motivation

1

Being over 40 and trying to find new employment

is really difficult in this day and age.

It's a different story if you have some special ability.

But I don't have much choice of possible workplaces.

I was hired by a security company,

but because I don't feel any personal responsibility toward the clients,

I have no motivation in my work.

Even when I'm on my security rounds,

I'm always thinking about other things,

or killing time reading magazines—

basically taking it easy.

⑥workplace　職場
⑦hire　を雇う
⑧round　見まわり

⑨basically　要するに
⑩take it easy　気楽にする

おっちょこちょいな看護師

私はおっちょこちょいな人間です。

いつも早とちりばかりして

人様に問題を引き起こしてしまいます。

当然そのおっちょこちょいは、

看護師としての仕事にも及んでいます。

ここだけの内緒の話ですけど、

じつは何度か患者さんに注射をするとき

間違った薬をあやうく打ちそうになりました。

幸いこれまでのところ大事に至りませんでしたが、

そのうち大きな問題を起こしそうです。

それでいつもビクビクしています。

英語表現
①careless　不注意な
②jump the gun　早まったことをする
③cause　を引き起こす
④naturally　もちろん
⑤make its way into A　Aに及ぶ

A Careless Nurse 2

I'm a careless person.

I'm always jumping the gun,

and I end up causing problems for others.

Naturally, this carelessness

makes its way into my work as a nurse.

This is just between you and me,

but several times, when I've given patients injections,

I've almost picked up the wrong medicine.

Luckily, there've been no disasters so far,

but I'm afraid that I might cause a huge problem someday.

So I'm always nervous.

⑥give a patient an injection
　患者に注射する
⑦pick up A　Aを取り上げる

⑧disaster　大失敗

短気なタクシードライバー

私は47歳で会社の職を失いました。

それでタクシーの運転手になりました。

私が前の会社をクビになったのは、

私が短気だからです。

たぶんカーッときて、

社長にくってかかったときでした。

しかしこの歳で性格を直すことはムリです。

態度の悪い乗客だと、

どなりつけずにはおれません。

ときどき事務所に、私のことでクレームが来ます。

またクビになるのも時間の問題です。

①short-tempered　短気な
②company job　会社勤めの仕事
③previous　以前の
④at A's age　Aの年齢では
⑤occasionally　時おり

A Short-Tempered Taxi Driver 3

I lost my <u>company job</u> when I was 47.
②

Then I became a taxi driver.

It seems I was fired by my <u>previous</u> company
③

because I'm very short–tempered.

Maybe it was the time I got so mad

and yelled at the president.

But it's impossible to change my personality
<u>at my age.</u>
④

When a customer is rude to me,

I can't stop myself from shouting at him.

The office <u>occasionally</u> gets complaints about
⑤
me.

<u>It's just a matter of time</u> before I'm fired
⑥
again.

---

⑥ it's a matter of time
時間の問題だ

向こう見ずなトラック運転手

オレは昔は暴走族で、

よく警察にご厄介になったもんだ。

自分はどうも気性が荒くて、

行儀よくしてられないんだな。

今は暴走族を終えて真っ当になりました。

トラックの運転手として働いています。

でも荒っぽい気性は昔のまま。

よくうちの会社のトップに注意されちまう、

運転が荒っぽいと。

でも誰がかまうもんか。

まだ1度も事故起こしちゃいないんだし。

英語表現
①reckless　無謀な
②used to do...　かつては〜していた
③rough　荒っぽい
④well-behaved　行儀のよい
⑤through with A　Aを終えた

A Reckless Truck Driver   **4**

I used to be in a motorcycle gang,

and always got into trouble with the police.

I'm a very rough guy,

and I just can't sit there and be well-behaved.

Now I'm through with the motorcycle gang phase, and I've gone straight.

I work as a truck driver.

But I still have an aggressive disposition.

The head of the company I work for often warns me

that my driving is too reckless.

But who cares?

I've never had an accident.

⑥phase　段階
⑦go straight　堅気になる
⑧disposition　気質

⑨who cares　かまうものか

正義の味方の婦人警官

私は物心がついた時から

刑事モノのテレビドラマが大好きで、

時間がある時は欠かさず見ていました。

私が子供のときに、大きくなったら

絶対に婦人警官になろうと決めていました。

今は念願がかない、

本物の婦人警官です。

といっても交通課です。

私は拳銃を携帯して、

悪人を捕まえたいのです。

ですから今転属をお願いしています。

①zealous
　自分の信念に対して熱狂的な
②policewoman　婦人警官
③police detective　刑事
④come true　実現する

A Zealous Policewoman 5

Ever since I can remember,

I've liked TV police detective dramas

and I've watched them whenever I had time.

When I was a kid, I decided that when I grew up

I would definitely become a police officer.

Now my dream has come true

and I'm a real policewoman.

But I'm in the traffic division.

I want to carry a gun

and arrest bad guys.

So now I'm applying for a transfer.

⑤carry a gun　銃を携えている　　⑧transfer　転属
⑥arrest　を逮捕する
⑦apply for A　Aを申し込む

せっかちな車掌

私は本当にせっかちなんです。

いつもイライラさせられます、

待たなくてはならない時は。

自分ではつねづね感じています。

いつかこの性格をどうかしないといけないって。

でもどうしようもないんです。

私は電車の車掌として働いています。

私は乗客が乗るのを待つのが、いつもイライラするのです。

そしてすぐにドアを閉めてしまうんです。

じつは上司は、これをいつまでも続けていたら、

ほかの仕事に飛ばすぞと言っています。

英語表現

①impatient　気の短い
②train conductor　電車の車掌
③irritated　イライラした
④trait　特性
⑤someday　いつか

An Impatient Train Conductor
①　　　　　②

I'm really an impatient person.

I always get irritated
③

when I have to wait.

I've always felt that

I would have to do something about this trait someday.
④　　　⑤

But there's nothing I can do.

I work as a train conductor.

I always get impatient, waiting for the passengers to get on,

and I shut the door too soon.

My boss has told me that if I continue doing that,

he will transfer me to a different kind of job.
⑥

⑥transfer A to B
　AをBに転属させる

執念深いOL

私はわけが分からないほど頭にきています。

いつも仲良くしていた女友達が、

私の彼を奪ったんです。

こんな屈辱はなかった。

私をふった男も許せないし、

自分を裏切った友人も許せない。

私は、絶対に忘れないし許さない女なんだからね。

もう死ぬまで2人を恨んでやる。

そしてかならず2人を不幸にしてやる。

思い知らせてやるんだ、

私を怒らせたらどうなるかを。

英語表現

①vengeful　復讐心のある
②office clerk　事務員
③steal　をこっそり取る
④humiliate　に屈辱を与える
⑤dump　を捨てる

A Vengeful Office Clerk   **7**
①   ②

I'm so angry that I'm almost out of my mind.

A girl I've always been good friends with

has stolen my boyfriend.
③

I've never been so humiliated.
④

I cannot forgive him for dumping me just
⑤   ⑥
like that,

nor can I forgive this friend who betrayed me.
⑦

I am a woman who never forgives or forgets.

I'll hate both of them for this for the rest of
⑧
my life,

and I'll make sure that they're unhappy.

They'll find out

what happens when I get really angry.

⑥just like that　あっさりと　　　⑧for the rest of one's life
⑦betray　を裏切る　　　　　　　　残りの人生ずっと

数字に弱い会計係

経理の仕事は大きな額の数字ばかり扱います。

ですから間違えてゼロをひとつ多く書いても、

数字を見落としても、

たいへんなことになってしまいます。

私は部品メーカーで経理として働いていますが、

しかし今この職業についたことを後悔しています。

私は数字に弱くて、

しょっちゅうミスを犯しています。

たとえばこのあいだも、数字のひと桁を間違って

取引先に請求書を出してしまいました。

営業部長から大目玉をくらいました。

①deal with A　Aを扱う
②represent　を表わす
③extra　余分の
④miss　を見落とす
⑤regret that ...　〜を後悔する

An Accountant Who's not Good with Figures

8

In accounting, we ①deal with figures that ②represent huge amounts of money.

So if you make a mistake and write one ③extra zero,

or ④miss a few numbers,

the result could be a major disaster.

I work as an accountant for a component manufacturer,

but now I ⑤regret that I took this job.

I'm not good with figures,

and I always make mistakes.

The other day, for instance, I got one ⑥digit wrong in a figure,

and ⑦issued the ⑧invoice to one of our clients.

I ended up getting ⑨bawled out by the sales department manager.

⑥digit （数字の）位
⑦issue を発行する
⑧invoice 請求書

⑨bawl out A　Aを叱りつける

誘惑に弱い裁判官

私は裁判官をしております。

裁判官としてまじめな仕事につきますと、

名を汚すことはできません。

そのプレッシャーから、

いつも束縛されている感じがして、

窒息しそうです。

私は意志の弱い人間なのです。

そして簡単に誘惑に屈してしまいます。

最近は非常にストレスがひどいため

私はいずれそのうちに

後悔する何かをするのではないかと心配しています。

①resist temptation
　誘惑に抵抗する
②disgrace　の名を汚す
③restricted　制約が多い
④suffocate　窒息する

A Judge Who Can't Resist Temptation ① 9

I work as a judge.

When you have a job as serious as being a judge,

you must not do anything that would ②disgrace you.

Because of this pressure,

I always feel really restricted—
③

サフォケイティング
it's like I'm suffocating.
④

I'm a person with very little willpower,
⑤ ⑥

and tend to give in to temptation easily.
⑦

I feel very stressed out lately,
⑧

and I'm afraid that one of these days

I'll do something I'll always regret.

⑤little　ほとんどない
⑥willpower　自制心
⑦give in to A　Aに屈服する

⑧stressed out
ストレスがたまった

アバウトな通訳

私は一流の英語通訳者と自任しています。

英語と日本語は二つがまったくちがった言語です。

英語を日本語に訳そうとするとき、逆もまた同じで

正確に訳せないことはたくさんあります。

日本語の「よろしくお願いします」なんて

英語に直訳してしまったら意味がないんですよ。

だから本当に深刻な話でないかぎり

だいたいの意味を伝えればいいのです。

それで私はアバウトに通訳しているのです。

どうせ依頼主は、正確に通訳していないことを知りません。

誰も被害をこうむることなんかないでしょ？

①loosely 大ざっぱに
②topflight 一流の
③vice versa 逆もまた同じ
④equivalent 相当するもの
⑤take を例として挙げる

An Interpreter Who Translates Loosely $\underset{①}{}$ **10**

I believe I'm a topflight English interpreter.
$\underset{②}{}$

Now, English and Japanese are two completely different languages.

When you try to translate English into Japanese, or vice versa,
$\underset{③}{}$

you often find that there is no real equivalent.
 イクウィヴ(ァ)レント
$\underset{④}{}$

Take the Japanese expression *yoroshiku onegaishimasu.*

If you translate it into English literally, it doesn't make sense.
$\underset{⑥}{}$

So, unless the subject is extremely serious,
イクストゥリームリィ

all I need to do is convey the approximate meaning.
$\underset{⑦}{}$ $\underset{⑧}{}$

That's why I do a kind of approximate translation.

The client will never know that I'm not translating precisely.
$\underset{⑨}{}$

It doesn't hurt anybody, does it?
$\underset{⑩}{}$

⑥make sense　意味をなす　　⑨precisely　厳密に
⑦convey　を伝える　　　　　⑩hurt　に害を与える
⑧approximate　だいたいの

179

組織力のあるホームレス

私のみすぼらしい服を見れば、

私がどうやって生きているか分かるでしょ。

そうなんです、ホームレスなんです。

たぶん信じないでしょうが、名のある企業で働いていたんです。

それが思いがけず会社が倒産し、

こんな哀れな身になってしまいました。

でも私はこんな状況でも、生き甲斐を見出し始めています。

もともと私は労働組合の委員長をしていたので、

人を組織化するのが好きなんですね。

それで今全国のホームレスの人権を守るために、

全国ホームレス組合を始めようと頑張っています。

英語表現
①homeless　ホームレスの
②ragged　（服が）ボロボロの
③prestigious　名声のある
④had imagined　（過去完了形）
　その時まで想像していた

A Homeless Person with Organizational Skills 11

If you look at my ragged clothes,

you can guess how I live.

That's right, I'm homeless.

You might not believe it, but I used to work at a prestigious company.

But the company went bankrupt—something none of us had imagined—

and here I am in this miserable condition.

But I'm beginning to find a purpose in life, even in this situation.

I used to be the head of the company labor union,

and I love to organize people.

So, in order to protect the rights of homeless people all over the country,

I'm working hard to start a National Homeless Union.

⑤ company labor union
企業労働組合
⑥ love to do ...　～するのが大好き

⑦ right　権利

熱意のない家庭教師

私は大学で教育学を専攻しています。

学費の足しに家庭教師をしています。

ゆくゆくは先生になるつもりなので、

家庭教師は私にとって、いい経験です。

でも最近悩みがあります。

できのよくない子供の勉強をみていると、

彼らを理解させることは難しく、

教えることに興味をなくしてしまうのです。

どうせこのような子供に教えてもムダだと思ってしまい、

教えることに熱意をなくしてしまうのです。

私はお金をもらうことに罪を感じます。

英語表現
① private tutor　家庭教師
② major in A　Ａを専攻する
③ help do ...　～する助けをする
④ tuition　授業料
⑤ intend to do ...　～するつもり

A Private Tutor with No Enthusiasm 12

I major in education at my university.

I work as a private tutor to help pay my tuition.

Since I intend to be a teacher in the future,

being a private tutor is good experience for me.

But I've been worried about something recently.

When I'm coaching students who aren't very quick,

the difficulty I have in making them understand

causes me to lose interest in teaching them.

I begin to feel that it's no use coaching these kids,

and I lose my enthusiasm for teaching.

I feel guilty that I'm even getting paid.

⑥coach を教える
⑦quick 理解が早い

⑧lose interest in A
　　A に興味を失う

潔癖症の主婦

私はあまり外出が好きじゃないんです。

なぜかというと外は雑菌がうようよいて、

とても汚いじゃないですか。

私は不潔なのが大嫌いなんです。

手すりや電車のつり革に触るのもイヤだし、

お金に触れることすらイヤなんです。

誰が触ったかも分からないじゃないですか。

ですから外出後に家に帰ったら、

かならず手を殺菌消毒します。

皆さんもこれぐらい

衛生に気を使わないとダメですよ。

①obsessed with A
　Aが強迫観念となる
②germ　ばい菌
③filthy　不潔な
④dirtiness　不潔さ

A Housewife Who's Obsessed with Cleanliness　13

I don't like to go out much.

Because there're so many germs out there

and everything's so filthy.

I hate dirtiness.

I hate touching railings and train straphangs,

and I don't even like to touch money.

You never know who's touched it before.

So whenever I come home after going out,

I make a point of washing my hands with antiseptic.

Everybody should be

as careful about hygiene as I am.

⑤railing　手すり
⑥straphang　つり革
⑦antiseptic　殺菌剤

⑧hygiene　衛生

口の達者な夫

もしあなたが浮気していたと仮定して、

そしてあなたの奥さんがそれを見つけました。あなたはどうします?

シラを切りますか?

たぶん、しどろもどろになるでしょう。

その点、私は妻に迫られても、状況はどうあれ

言葉で彼女を煙に巻いてしまいます。

そんなことが簡単にできるかって?

だいじょうぶ。

私はとても口が達者なんだから。

それで今まで何度も、

事態を乗り切ってきたんですよ。

①smooth　口先のうまい
②suppose (that) ...
　〜だとしたらどうだろう
③have an affair　情事を持つ

A Husband Who's a Smooth Talker　14

Suppose you were having an affair

and your wife found out about it. What would you do?

Would you try to play innocent?

You'd probably end up saying a lot of stupid things.

When my wife confronts me, whatever the situation,

I mystify her with my words.

Is it that easy, you ask?

It is.

I'm a very smooth talker.

And many times in the past,

I've gotten away with things.

④play innocent　白ばくれる　　　⑦get away with A　Aを乗り切る
⑤confront　に立ち向かう
⑥mystify A with B　AをBで煙に巻く

カンの鋭い妻

女には特殊な能力があるのよね。

それは直感力です。

なぜ私たちがそうなのか分からないけれど、

女の直感はよく当たるのよね。

もし夫が浮気したりすると、

妻はすぐに分かっちゃうんだから。

このあいだもそう。

夫が家に帰ってきたときピーンときちゃった。

なにか証拠はなかったけど、

なんとなく感じちゃったのよね。

決して女の直感をあなどってはいけない。

英語表現
①intuitive　直感力のある
②intuition　直感力
③sense　を感じ取る
④it clicks　ハッと思い当たる
⑤evidence　証拠

An Intuitive Wife   15

Women have a special ability.

It's called intuition.

I have no idea why we're made this way,

but our intuition is usually right.

If a husband is having an affair,

the wife immediately senses it.

It happened to me the other day.

When my husband came home, it just clicked.

I didn't have any evidence,

but I just felt it somehow.

Never underestimate women's intuition.

⑥somehow　どういうわけか　　⑦underestimate
　　　　　　　　　　　　　　　　　を過小評価する

ナルシストのモデル

「鏡よ鏡よ鏡さん……

世界でいちばん美しい女性はだあれ？」

私たちが知っているセリフがあるけれど、

実際に自分が鏡の前にいて

自分の姿を見ると、

本当にうっとりしてしまう。

なんて自分はスタイルがよくて、

また美男子なんだろう。

私のカラダは男らしくてセクシー。

ただ鼻のラインがちょっと気になるな。

また美容整形を受けに行くか。

英語表現
①fair　美しい
②line　引用された1節
③be enchanted by A
　Aに魅了されている
④physique　（男性の）体形

A Narcissistic Model 16

"Oh, mirror, mirror on the wall,

who is the fairest of them all?"
①

That's a line we all know—
②

but in fact, when I'm in front of a mirror

and look at myself,

I'm truly enchanted by what I see.
③ エンチャンティド

I have such a good physique,
④ フィズィーク

and I'm so handsome.

My body is so muscular and sexy.
⑤

I'm just a little concerned about the shape
⑥
of my nose.

Maybe I'll go in for cosmetic surgery again.
⑦   ⑧

⑤muscular 筋骨たくましい　　⑧cosmetic surgery 美容整形
⑥concerned about A Aが心配
⑦go in for A Aを受けにいく

191

正直すぎる占い師

私は生まれました

特別な才能をもって、

それは人の未来を予言するという能力。

この才能を生かして、

占い師という仕事を始めました。

残念なことに私は根っからの正直者で、

ウソが言えません。

口に出して言わなくてもいいことまで、

ついつい本当のことを言ってしまうのです。

どれだけたくさんのお客様が

ガックリと肩を落として帰られたか知れません。

 英語表現
①tell a lie　ウソをつく
②predict　を予言する
③put A to use
　Aを利用する（本文中のputは過去形）
④unfortunately　残念なことに

A Fortune-Teller Who Can't Tell a Lie   **17**
①

I was born

with a special talent—

the ability to predict people's futures.
②

I put this talent to use,
③

and started working as a fortune-teller.

④Unfortunately, I'm a very honest person by nature.

I cannot tell a lie.

Even if I feel that I shouldn't mention something,
⑤

I cannot stop myself from telling the truth.
⑥

I have no idea how many of my customers
⑦

have walked away totally disheartened.
⑧　　　　　　　　　　ディスハートゥンド

---

⑤mention　を口に出して言う　　⑦have no idea　全然知らない
⑥stop oneself from doing ...　　⑧disheartened　落胆した
　～することを止める

VI

天職を得た私
My Job is Perfect for Me.

意志の強い女性起業家

私の人生は苦労の連続でした。

私は女たらしに大金をだまし取られるわ、

事故で大ケガをするわ、

火事で家を焼失するわ。

でも不幸は人間を強くします。

「絶対に負けるものか」

という気持ちにさせてくれます。

10年前に一念発起して

会社を起こしました。

今では年商20億の企業にまでになりました。

これもひとえに不幸のおかげです。

 英語表現
① hardship 困難
② cheat A out of ...
　Aをだまして〜を取る
③ gigolo 女たらし

A Strong-Willed Venture Business Owner 1

My life has been a series of hardships.
①

I was cheated out of a lot of money by a gigolo,
②③

I was seriously injured in an accident,
④

and my house was destroyed in a fire.
⑤

But misfortune makes us strong.
⑥

"I'll never give in."

That's the feeling I've gained.

Ten years ago I made up my mind to make my own destiny,
⑦

and started a company.

Now it's grown into a corporation with annual sales of two billion yen.
⑧

This is entirely thanks to my misfortune.

④injure を傷つける
⑤be destroyed in a fire 焼失する
⑥misfortune 不運
⑦make one's own destiny
　運命を切り開く
⑧billion 10億

負けず嫌いのプロボクサー

私は子供の頃から

「なんでも１番になれ」

と父に言われ続けてきました。

ケンカで負けて家に帰ってきたら、

父はすごい剣幕で私を怒ったものです。

たぶんこの教育のせいで、

私はだれよりも負けるのが嫌いなのです。

私はボクシングの世界チャンピオンです。

実際この負けず嫌いが、

自分を世界チャンピオンにさせたんだと思います。

そのことで父に感謝です。

英語表現

①have gotta do ... have got to do ...の短縮形で意味は

have to do ...（〜しなければならない）に同じ

A Pro Boxer Hates Losing 2

When I was growing up,

"You've gotta be number one in everything"
①

was what my dad kept telling me.

Whenever I came home after losing a fight,

Dad would be furious with me.
②
フュ(ア)リアス

It's probably because of this upbringing
③

that I do hate losing more than anybody.

I'm a world boxing champion.

I think the fact that I hate losing

is what helped me become world champion.

I thank Dad for that.
④

②furious with A　Aに対し怒り
まくった
③upbringing　（幼少期の）教育

④thank A for B
AにBのことで感謝する

打たれ強いお客様サービス係

世の中には、迷惑な人がいますよね。

些細なことで文句を決してやめない人。

その点、私はどんなに不愉快なことがあっても、

いつまでもそのことで悩むことはありません。

私の仕事は会社の顧客と話をして

私たちの製品の苦情に対応するというものです。

多くの人はストレスのたまる仕事だと思われるに違いありません。

なにしろ1日中、文句を聞かなくてはいけませんからね。

でも私はまったく平気なんですよ。

どんなに怒ったお客様でも、

ただの仕事と知っているので気にならないんです。

①rep　外交員
②annoying　迷惑な
③trivial　取るに足らない
④unpleasant　不愉快な
⑤fret about A　Aのことで悩む

A Customer Service Rep Who Can Handle Complaints

3

There're some annoying people in this world—
②

people who never stop complaining about
③ trivial details.

But in my case, when something ④ unpleasant
happens,

I don't fret about it for a long time.
⑤

My job is to talk to my company's customers

and ⑥ respond to their complaints about our
products.

Most people think it must be stressful work,
⑦

as I have to listen to complaints all day.

But I don't mind at all.

However angry the customer may be,

it doesn't bother me because I know it's
just my work.

⑥respond to A　Aに応ずる
⑦stressful　ストレスの多い

人間不信の刑事

人間は元来善であるといいます。

しかしそんな甘っちょろい態度だと、

ある時にひどい目にあうよ。

多くの人間は善人の顔をしていても、

現実はみんな自己中心的なものなんだ。

みんなが思っている、

「自分さえよければいい」と。

犯罪で捕まった人間は、

はじめは「やってません」と言いつつ無実のふりをする。

しかし彼らのほとんどは最終的にやったことを告白するんだ。

信じる人ほど愚か者はいない。

①faith in A　Aへの信頼
②at some point　ある時点で
③self-centered　自己中心的な
④as long as ...　～でありさえすれば

A Police Detective with No Faith in Human Nature

4

①

They say that people are naturally good.

But such an optimistic attitude

will get you in trouble at some point.
②

Most people appear to be good,

but the reality is that everybody is self-centered.
③

People all think,

"Everything's OK as long as I'm OK."
④

People who are arrested for crimes

usually play innocent at first, saying, "I didn't do it."

But most of them eventually⑤ confess that they did do it.

スチュービダァ
There's nothing stupider than trusting people.

⑤confess that ...　～であることを告白する

信仰のあつい僧侶

最近は多くの僧侶は、

宗教をビジネスと割り切っているのが実際で

彼らは金もうけに精を出しています。

しかし私は違います。

最近は宗教を信じる人がますます少なくなっています。

「どうしたら人々に信仰を持ってもらえるのか」

それは私がつねに考えていることです。

人々が信仰を失った原因は、

僧侶が堕落してしまったからです。

だからこそ私が、日夜自分を磨くことで

人々を信仰に導くことができるのです。

①pious　信心深い
②monk　僧
③practical　実際的な
④make money
　金もうけをする

A Pious Buddhist Monk 5
   ①   ②

Some of the monks these days

are so practical that they think of religion
     ③
as business,

and they work hard to try and make money.
                              ④

But I'm different.

Fewer and fewer people these days believe
in religion.

"How can we encourage people to have
          ⑤   ⑥
faith?"

is what I think about all the time.

The reason people have lost faith
                      ⑦

is that monks have become corrupt.
                           ⑧

That's why I work day and night to improve
myself—   ⑨

so I'll be more able to guide people towards
faith.

⑤encourage A to do ...　　⑦lose faith　信仰を失う
　Aを〜するように励ます　　⑧corrupt　堕落している
⑥have faith　信仰を持つ　　⑨improve　を向上させる

頼りがいのある電話相談員

私は日中、奉仕活動をしています、

青少年の電話相談員として。

彼らの多くの悩みが異性問題です。

とりわけ、それらの多くはセックスの問題です。

近頃、若者と話すと

それはもうあけすけで、

彼らは恥じらいがないように見える。

いつもあきれ返ってしまいます。

でもそんな子供たちの根はとても真面目です。

たびたび彼らと話して感じることは、

彼らは愛情に飢えているということです。

英語表現
①dependable　頼りになる
②helpline　電話相談サービス
③the opposite sex　異性
④in particular　とりわけ
⑤deep down　根は

A Dependable Helpline Counselor
① ②

I do volunteer work during the day

as a helpline counselor for young people.

Many of their problems are about relationships with ③the opposite sex.

And many of them have problems with sexual relationships ④in particular.

When you talk to young people these days,

they're so open—

they seem to have no sense of shame.

It always shocks me.

But ⑤deep down, these kids are actually very serious.

Whenever I talk to them, I ⑥get the feeling that

they're starving for love.
　　　　　⑦

⑥get the feeling that ...　　　⑦be starving for A
　~であるという感じがする　　　Aを渇望している

207

熱血漢の中学教師

最近の教師は、

自分の職業に誇りを持っていない。

彼らはただ自分がすべきことは

勉強を教えることと考えている。

これはまったく容認できない。

子供たちは将来の日本のリーダーだ。

善悪の価値基準を教えるのが教師の役目なんだ。

だから教師たるもの、

教えることに情熱を持たなければならない。

いい加減でやる気のない教師は、

他の職種を見つけるべきだ。

英語表現
①junior high school　中学校
②have no pride　誇りがない
③profession　知的専門職
④academics　（複数形で）学問
⑤unacceptable　容認できない

An Enthusiastic Junior High School Teacher

7

Teachers these days

have no pride in their profession.

They think that all they have to do is

teach academics.

This is completely unacceptable.

Children are the future leaders of Japan.

It's our duty as teachers to teach them values.

Therefore, if you're a teacher,

you have to have a passion for teaching.

Teachers who are lax and unmotivated

should find another line of work.

⑥values
　（複数形で）善悪などの価値基準
⑦lax　たるんだ

⑧unmotivated　動機を持たない
⑨line of work　職種

頑張り屋の宅配員

私の夢は自分の飲食店を持つことです。

居酒屋を開きたいと思っています。

そのために30歳までに500万円を貯めています。

これが私のゴールです。

宅配サービスの仕事は歩合制というシステムがあります。

それは頑張った分だけお金がもらえるのです。

朝から夜まで

私は働き続けています。

最近は休日も取っていません。

よく考えると、

私はもう１カ月働きっぱなしです。

 英語表現

①hardworking　勤勉な
②own　を所有する
③save　を貯蓄する
④reach　に達する
⑤commission　歩合

A Hardworking Delivery Service Employee
①

My dream is to own my own restaurant.
②

I hope to open a Japanese-style pub.

For this reason, I'm trying to save five million yen before I reach 30.
③ ④

This is my goal.

In delivery service work, there's a commission system.
⑤

That means I get paid according to how hard I work.
⑥

So from morning till night,

I just keep working.

I haven't even taken any days off recently.
⑦

Come to think of it,

I've been working every single day for a month or so.
⑧

⑥according to A　Aに応じて
⑦take a day off　1日仕事を休む
⑧... or so　〜くらい

211

聞き上手な保険外交員

私は保険を販売しています。

全国にたくさんのセールスレディがいますが、

私はトップの販売成績を持っています。

毎回賞を受け取っています。

同僚は私が話し上手だからだと言いますが、

それはたいへんな誤解です。

私はどちらかといったら口下手です。

私がいい成績を出す理由を考えると、

たぶん人の話に関心を持つからだと思います。

契約を結んでくださった多くの方が私におっしゃいます、

彼らは私を好きになるからだと。

英語表現
①insurance　保険
②saleswoman　女性販売員
③insurance policy　保険証券
④sales record　販売成績
⑤prize　賞

An Insurance Saleswoman Who's a Good Listener

9

I sell insurance policies.

There're thousands of insurance saleswomen all over Japan, and

I have one of the top sales records.

I get prizes for it all the time.

My co-workers in the office say it's because I have a smooth sales pitch, but

that's a big misunderstanding.

I'm actually a poor speaker.

When I think about the reason for my good record,

I think maybe it's because I'm interested in what people have to say.

Many customers tell me they decided to buy a policy from me

because they really got to like me.

⑥sales pitch
売り込みのための口上

⑦get to do ...
～するようになる

冷静なパイロット

私は国際線のパイロットをしています。

もう飛び続けて

かれこれ25年間になります。

パイロットになるにはいくつか必要な資質があります。

私自身の経験にもとづいて言うと、

パイロットは落ち着き冷静でなければなりません。

どんなに危険な目に遭遇しても、

平静さを失ってはいけません。

もし私がこういう性格でなかったら、

もうこれまでに何回も

大事故が起こった可能性がありました。

 英語表現

①levelheaded　冷静な
②quality　資質
③calm　平静な
④crisis　危機
⑤lose one's composure　平静を失う

A Levelheaded Pilot 10

I'm an international airline pilot.

I've been flying

for the last 25 years or so.

To be a pilot, you have to have certain qualities.

Based on my own experience, I'd say that

pilots have to be calm and levelheaded.

Whatever crisis they're faced with,

they must never lose their composure.

If it weren't for my personality,

on several occasions

a major accident could have happened.

⑥if it weren't for ...
　もし〜がなかったら
⑦occasion　（ある特定の）場合

⑧major accident　重大事故

辛抱強いカメラマン

私の肩書きは「カメラマン」ですが、

しかし本当の私は

有名人を追っかけるパパラッチです。

スキャンダルを求めては、

私はいつもシャッターチャンスを狙っています。

けっして誇りを持てる仕事ではありません。

こころのどこかで少し引け目を感じています。

でも私は分かるようになりました、

この仕事はたくさんのエネルギーと忍耐を必要とすることを。

もし、私が決定的な写真を撮りたいなら

私は昼も夜もそこにいなければなりません。

英語表現

①paparazzi
　　有名人を追いかけるフリーのカメラマン

②celebrity　有名人
③pursuit　追跡
④on the alert for A　Aを見張って

A Patient Photographer 11

My title is "photographer,"

but what I really am is

a paparazzi—I chase celebrities.

In my pursuit of scandals,

I'm always on the alert for a photo opportunity.

It's not a profession that I can be proud of.

Somewhere in my heart, I can't help feeling a little ashamed of it.

But I've come to understand that

this job requires a lot of energy and patience.

If I want to get a really good shot,

I have to be out there day and night.

⑤ashamed of A　Aを恥じて
⑥have come to understand that ...　~が分かるようになった
⑦require　を必要とする
⑧patience　忍耐

知的なニュースキャスター

男たちはどこかで女を見下していない?

仕事でも自分たちより能力が低いと思ってない?

「女には政治や経済の話は分からない」と

彼らはそう思っていない?

でも私たち女をバカにしてもらっては困るわ。

私なんかそこいらの男たちと比べて

はるかに知性も教養もあるし、

仕事だってはるかにもっと有能よ。

でも男は私のような女性を嫌うのよね。

何もできないような女がいいのよね。

男って信じられないほど自分勝手な生き物。

① look down on A
　Aを軽蔑する
② belittle　を見くびる
③ for instance　たとえば
④ far more　はるかにもっと

An Intelligent Newscaster 12

Don't you think that somewhere in their mind, men ①look down on women?

They think that we are less able workers than they are, don't they?

"Women don't understand anything about politics or economics."

That's what they think, isn't it?

But they shouldn't ②belittle us women.
ビリトゥル

Take me, ③for instance. Compared to the average man,

I'm much more intelligent and cultivated,

and ④far more competent in my work.

But men tend to ⑤dislike women like me.

They like women who seem ⑥incapable of anything.

Men are unbelievably self-centered ⑦creatures.

⑤dislike　を嫌う
⑥incapable of A
　Aの能力がない

⑦creature　（形容詞を伴い）人

219

エネルギッシュな新聞記者

私は30代半ばで、

男の人生の盛りです。

私は新聞記者で、

第一線にいます。

私は犯罪記事を書いています。

私はオフィスでじっと座っておれません、

とにかく机にいることはありません。

１日中走りまわっては

事件のネタを探しています。

どんな障害が起きようと、

記事をモノにすべく励んでいます。

①in one's mid-30s　30代半ば
②the prime of one's life
　人生の盛りの時
③on the front lines　最先端で

An Energetic Newspaper Reporter **13**

I'm in my mid–30s,
①

the prime of a man's life.
②

I'm a newspaper reporter

out on the front lines.
③

I write crime articles.
④

I'm too restless to sit in an office,
⑤

so I'm never at my desk.

I'm running around all day,

looking for leads on each case.
⑥ ⑦

Come hell or high water,
⑧

I'm determined to get my story.

④crime article 犯罪記事　　⑦case 事件
⑤restless 落ち着かない　　⑧come hell or high water
⑥lead 手がかり、ネタ　　　　　どんな障害が起きようと

愛国心の強い自衛官

今の若者を見ていると、

私はすごく不愉快になります。

かく言う自分も、

彼らと同じ世代なのです。

しかし自分は彼らとは違います。

自分は日本という国を誰よりも愛しています。

日本の将来を思うと、

彼らのように無関心ではいられません。

誰かがこの国を守らなければならないのです。

だからこそ自分は自衛隊に入隊したのです。

平和はタダでは得られないのです。

①patriotic 愛国心の強い
②Self-Defense Forces (日本の)自衛隊
③annoyed 不愉快に思って

A Patriotic Self-Defense Forces Member
    ①   ②

14

When I look at young people these days,

I get so annoyed.
          ③

Actually, I'm

in the same generation as them.
    ④

But I'm not like them.

I love this country, Japan, more than anyone.

When I think about the future of Japan,

I know I can't be apathetic like them.
                    アパセティク
                ⑤

Somebody has to protect this country.

That's exactly why I joined the Self-Defense Forces.

Peace is not something you get for free.
                                    ⑥

④in the same generation as A   ⑥for free　無料で
　Aと同世代で
⑤apathetic　無関心な

使命感のある女医

私は過疎の村の診療所で臨床医として働いています。

医科大学の仲間は、

「どうしてそんなところで働くのか」と言います。

「都会で開業すればお金ももうかるし

家族ともいっしょに暮らせるのに」と言います。

でも私は金もうけの手段として、

医学の道を選んだのではありません。

私は人助けをしたいのです。

名誉欲も金銭欲もありません。

病気の人が元気になったとき、

それだけで私は満足なのです。

①sense of mission 使命感
②practice medicine 臨床医として働く
③clinic 診療所

A Doctor with a Sense of Mission 15

I practice medicine at a clinic in a remote village.

My friends from medical school ask me,

"Why do you want to work in such a place?"

They say, "You could make a lot of money if you opened a clinic in the city,

and you could live with your family, too."

But it wasn't in order to make a lot of money

that I chose the medical profession.

I want to help people.

I have no desire for prestige or money.

When a sick person gets well,

that's what makes me feel fulfilled.

④remote 僻地の
⑤medical school 医学校
⑥prestige 名声
⑦get well （病気やケガが）治る
⑧fulfilled 満足している

クリエイティブな創業者

芸術には創造性が不可欠です。

一見関係ないようなビジネスにも

創造性は必要です。

もしビジネスに創造性がなければ、

何も新しいものを生み出すことはできません。

それは競争相手に遅れをとって、

衰退していきます。

そのために我社では

新入社員を採用する時、

その人に創造性があるかどうかを見るのです。

我々の決定はこの基準にもとづいています。

①indispensable　絶対必要な
②business　会社
③come up with A　Aを考え出す
④fail to do ...　～しそこなう

A Company Founder Who's Very Creative 16

Creativity is indispensable in art.
①

Business, although it may not seem like it,

requires creativity, too.

If a business has no creativity,
②

it can't come up with anything new.
③

It will fail to keep up with its competitors,
④ ⑤ ⑥

and will begin to decline.
⑦

For this reason, at our company,

when we recruit new employees,

we find out whether or not people have any creativity.

Our decisions are based on this criterion.
クライティアリオン
⑧

⑤keep up with A
　Aに遅れずついていく
⑥competitor　競争相手

⑦decline　下り坂になる
⑧criterion　判断基準

大胆な事業家

成功の秘訣をご存じですか？

それはグズグズすることをやめること、

そして行動を起こすことなんです。

もし結果を心配して、

始めることができなければ、

あなたは何も得ることができません。

あなたが実際に行動を起こしたとき、

いいアイデアが浮かんでくるし、

発展があるんです。

私はもう会社を30以上経営していますが、

それは私の大胆さのおかげです。

英語表現
①bold　大胆な
②delay　グズグズする
③end result　最終的な結果
④get started　始める
⑤progress　前進

A Bold Entrepreneur 17

Do you know the secret of success?

It's to stop delaying

and start acting.

If you're so worried about the end result

that you can't get started,

you'll never get anywhere.

It's when you actually start acting

that you come up with great ideas

and see some real progress.

I now own more than 30 companies,

and it's all due to my being bold.

⑥due to A　Aのおかげで

ヤバいくらい使える
英語で自己紹介 100 人

著　者　　リック西尾
発行者　　真船美保子
発行所　　**KK ロングセラーズ**
　　　　　東京都新宿区高田馬場 2-1-2　〒169-0075
　　　　　電話（03）3204-5161（代）　振替 00120-7-145737
　　　　　http://www.kklong.co.jp
印　刷　　中央精版印刷　　製　本　難波製本

落丁・乱丁はお取り替えいたします。
※定価と発行日はカバーに表示してあります。
ISBN978-4-8454-5046-6　C0282　　Printed In Japan 2018